© 2015 Kerstin Rammelt

Umschlaggestaltung: Kerstin Rammelt

Verlag: tredition GmbH, Hamburg
ISBN
Paperback | 978-3-7323-6750-4
Hardcover | 978-3-7323-6751-1
e-Book | 978-3-7323-6752-8

Printed in Germany

Das Werk, einschließlich seiner Teile, ist urheberrechtlich geschützt. Jede Verwertung ist ohne Zustimmung des Verlages und des Autors unzulässig. Dies gilt insbesondere für die elektronische oder sonstige Vervielfältigung, Übersetzung, Verbreitung und öffentliche Zugänglichmachung.

Von Regentropfen und Kinderlachen

- Ein lyrisches Potpourri -

Kerstin Rammelt

KAPITEL 1

Von Traurigkeit und Ängsten

01 Unglückliche Liebe

Du, meine Liebste,
mir in meinem Herzen
so unendlich nah.

Dein Foto vor mir.
Schon leicht abgegriffen vom vielen Hervorholen in Momenten,
in denen du mir so unsagbar fehlst.

Heute ist wieder so ein Tag.
Mein Herz fühlt sich so zerrissen.
Meine Gedanken nehmen ein Wechselbad
zwischen unendlichem Glück und unsagbarer Traurigkeit.

Mein Herz vermisst dich so sehr.
Seine Rufe schicke ich in die Erdumlaufbahn, mir wünschend,
sie würden auf die deinen treffen.
Und einen Sternenregen sprühen lassen.

Meine Augen suchen den Himmel ab,
in der vagen Hoffnung,
diesen Sternenregen tatsächlich zu erblicken.

Dann wüsste ich,
dass du mich in deinen Gedanken umarmst.
Dann könnte ich für einen Moment
die Traurigkeit aus meinem Herzen verbannen.

Doch so ist und bleibt es im Moment einfach nur
eine unglückliche Liebe.

02 Traurigkeit

Mit breiten Schwingen kommt er auf mich zu,
der dunkle Vogel der Traurigkeit.
Seine großen Flügel werfen Schatten,
ihm voraus eilend.

Stück um Stück, ganz fließend,
fressen sie die letzten lichtdurchtränkten Stellen auf.
Ganz leise, ganz still.
Fast unheimlich.

Weglaufen möchte ich.
Kein einziger Schritt ist möglich.
Beine ganz starr,
gehorchen mir nicht mehr.

Die Schatten erreichen mich.
Gleich ist der Vogel über mir.
Dunkelheit hüllt mich ein.

Kälte kriecht durch meinen Körper,
überzieht alles mit einer Schicht Eis.
Ein Schrei formt sich in meiner Kehle,
Zeichen eines letzten Aufbäumens.

Der Vogel der Traurigkeit lässt sich auf mir nieder.
Noch ein Flügelschlag,
der letzte Lichtstrahl wird von Dunkelheit verdrängt.

Meine Augen, mein Herz,
sehen nur noch Dunkelheit.
Der Schrei zittert sich aus meiner Kehle,
ungehört, schon beim Entstehen zum Sterben verurteilt.

Traurigkeit hüllt mich ein.
Tränen rinnen über mein Gesicht
und erstarren zu Eis.

Rückkehr ins Licht,
ungewiss.

03 Streit

Verschiedene Meinungen
prallen auf direktem Weg
mit dem Gegenüber zusammen.

Antworten formieren sich.
Nehmen Stellung Auf.
Werden umgehend zurück geschickt.

Gefühle ballen sich zusammen.
Künden unheilvoll den Sturm an.
Wellen schlagend.
Spannung, Wut suchen sich darauf reitend ihren Weg.

Worte werden verletzender.
Jetzt wird gezielt, eiskalt berechnet, ganz bewusst.
Das Ziel im Auge.
Den Sieg.

Festgeklammert an die Überzeugung,
es gäbe eine richtige Meinung.
Die eigene.

Schon ein ganzes Leben lang gelernt.
Der Sieg ist alles, was zählt.
Nahrung für das Selbstwertgefühl.

Die eigene Verletzlichkeit verstecken.
Zähne zusammen beißen.
Keine Schwäche zeigen.

Endphase einläuten.
Worte, wie Dolche geschliffen,
treffen ins Herz.

Die Blicke,
kein Zeichen von Mitgefühl,
bemüht eiskalt.

Endlich.
Der andere bricht unter der Schlagkraft der Argumente ein.
Ziel erreicht.

Warten auf das eigene Glücksgefühl.
Stellt sich nicht ein.
Aber es war doch ein Sieg!

Ein schales Gefühl nimmt Gestalt an.
Und die Ahnung,
mich gerade eben selbst zum Verlierer gemacht zu haben.

Bedauern stellt sich ein.
Über einen trügerischen Sieg.

04 Verletzung

Ein Wort, ein Blick, eine Geste, eine Tat.
Den Weg von einem zum anderen gefunden.
Manchmal bewusst, manchmal unbewusst
auf die Reise geschickt.

Abhängig vom eigenen Seelenzustand.
Art des Empfangs ebenso.
So viele Unwägbarkeiten. Eventualitäten.
Möglichkeiten für emotionale Katastrophen.

Heute war der Boden nicht sonnenbeschienen,
als die Worte auf ihn fielen.
Im Schatten kamen Wunden an die Oberfläche.
Alte, in die die neuen Samenkörner fielen.

Sie rissen neue Furchen auf.
Die Pflanze der Verletzung erhielt neue Nahrung,
breitete sich aus wie ein Parasit
über dem aufgerissenen Feld des Herzens.

Raubt den zarten Schösslingen
der Hoffnung und des Glücks allen Lebensraum,
verschlingt Nahrung und Licht,
erdrückt.

Aufbäumen der Seele.
Widerstand gegen diesen Seins-Zustand.
Zeit, sich auf den Acker zu wagen, umzupflügen,
die Pflanzen der Verletzung mit Stumpf und Stiel auszureißen.

Und dann neu auszusäen.
Hoffnung, Verständnis, Vergebung, Liebe.
Mein Seelenland soll blühen,
duftend, farbenprächtig, strahlend.

05 Ertrinkender

Schatten auf der Seele.
Traurigkeit,
verankert in jeder Faser meines Selbst.

Das Herz klopft schwermütig.
Jedes neue Schlagen sendet schmerzvolle Wellen
bis in die letzte Ecke meines Selbst.

Alles krampft sich zusammen.
Im steten Rhythmus des Ausschlags der Amplituden.
Auf der Haut millionenfache Nadelstiche.

Kein klarer Gedanke greifbar.
Alles verworren, chaotisch, durcheinander.
Das Herz scheint zu ertrinken,
rudert hilflos hin und her.

Die Wellen werden größer, stärker und höher.
Schlagen über meinem Herzen zusammen.
Ziehen es in die Tiefe.
Dunkelheit um mich herum.

Wo ist der Rettungsanker,
die haltende Hand,
die tröstende Umarmung?

Kälte umklammert mein Herz.
Der Mund öffnet sich zu einem letzten Schrei.
Wasser geschluckt.

Aufbäumen,
nein, ich will nicht!

Bewegungen,
krampfhaft, verzweifelt.
Zurück an die Oberfläche,
raus aus der Tiefe.

Ich will Sonne, Licht, Hoffnung.

Angst, es nicht mehr zu schaffen.
Hektisches Treten, Arme rudern.
Mit letzter Kraft an die Oberfläche gestoßen.

Husten, Atem holen, Tränen fließen.
Aber geschafft.
Zurück im Licht.
Alles wird gut.

Hinein sinken
in die tröstende Umarmung.

06 Zeit verpasst

Nun bist du gegangen.
Fühlte mich so glücklich,
als du dein Kommen ankündigtest.
Die Stunden des Wartens.
Erfüllt von heimlicher Freude,
Bangen und ungeduldiger Sehnsucht.

Dann warst du endlich da.
Mein Herz tanzte und lachte vor lauter Glück.
Wir fielen uns zur Begrüßung in die Arme,
hielten uns fest,
als wollten wir einander nie wieder gehen lassen.

Gemeinsame Zeit, miteinander reden, lachen,
die Blicke und Hände kreuzten sich.
Fanden im Gleichklang der Gefühle den Weg zueinander.
Nähe, Geborgenheit, Sich-fallen-lassen,
wunderschöne Zeit mit dir.

Dann sagtest du mir,
wir könnten uns die nächste Zeit nicht sehen.
Hattest dabei ein unendliches Bedauern
in deiner Stimme und deinem Blick.

Mein gerade noch so glückliches Herz
stürzte urplötzlich in die Tiefe.
Trauer zog ihren schwarzen Schleier über mein Gesicht.
Mein Innerstes begann zu ertrinken.
Schickte eine Tränenflut in meine Augen.

Die verbleibende Zeit mit dir war überschattet.
Wahrnehmung erfolgte aus der Ferne.
Der Würgegriff des Vermissens
schnürte mir die Kehle zu.

Dann gingst du,
hieltest mich noch einmal fest umschlungen.
Mein Herz brach in diesem einen Moment.

Ich blieb zurück mit verschleiertem Blick.
Gern hätte ich die Zeit zurück gedreht.
Fühlte mich so unendlich verloren und unglücklich.
Über den Verlust der letzten gemeinsamen Stunde mit dir.

Den Schmerz des Vermissens in der nächsten Zeit,
der bereits an meine Seelentür klopfte,
als du noch bei mir warst.
Doppelt verpasste Zeit mit dir.

07 Angst

Angst.
Furchtbarer Geselle meiner Tage.
Fessel auf meinen Lebenswegen.
Mörder meiner möglichen glücklichsten Empfindungen.

Angst.
Immer lauernd, bereit zum Sprung,
für den Fall,
das Glück könnte an meine Tür klopfen.

Hast dich häuslich bei mir eingerichtet.
Es interessiert dich nicht,
dass du ein ungebetener Gast
in meinem Hause bist.

Schaust mir hohnlächelnd ins Gesicht.
Winkst mir aus jedem Winkel zu.

Angst.
Fängst an zu zittern und
um dein erbärmliches Leben zu fürchten,
wenn dir Liebe entgegen tritt.

Du wirst nicht ewig Teil meines Selbst sein.
Wenn ich mir meiner eigenen Großartigkeit
vollständig bewusst geworden bin,
wenn ich mich endlich in Liebe zu umfangen vermag,
wird das Totengeläut für dich erklingen.

Diesen Tag werde ich feiern.
Diesen Triumph auskosten bis zum letzten Tropfen.
Als einen Sieg der Liebe über dich.
Angst.

08 Boden unter den Füßen

Lange versucht,
es allen recht zu machen.
Nur gut zu sein.
Alles klaglos hinzunehmen.
Das Beste von mir zu geben.

Lange versucht,
das Weinen in mir zu ersticken.
Jemand anderes zu sein.

Und daran gescheitert.
Gnadenloser Zusammenbruch.
Boden unter den Füßen verloren.

Vermutlich noch nie wirklich gespürt,
so schwimmend im Meer der Bilder
der anderen.

09 Wiedersehen

So sehr hatte ich mich
auf unser Wiedersehen gefreut.
In Gedanken tausendmal vorab gesehen,
den Verlauf vor geträumt,
gekleidet in das Gewand
meiner Vorstellungen und Wünsche.

Dann kam es, unser Wiedersehen.
Ich begab mich hinein
mit dem Gepäck meiner Träume und Phantasien.

Aber es lief nicht so.
Ich hatte nicht bedacht,
dass du nicht planbar bist,
dass auch du deine eigenen Vorstellungen und Ideen
im Gepäck bei dir tragen würdest.

Wir scheiterten daran,
dass wir im Wiedersehen nicht in der Lage waren,
uns wirklich wieder zu sehen.

Wir hatten uns die Brille
des Blicks auf uns selbst aufgesetzt,
die keinen Blick auf den anderen zuließ.

So vergaben wir uns die Chance
eines freudvollen und glücklichen Wiedersehens.
Und gingen auseinander
mit Enttäuschungen im Gepäck.

Und der Frage,
ob wir uns in Zukunft
überhaupt noch einmal
ein Wiedersehen gestatten wollten.

10 Warum nur?

Warum vertrauen wir uns so wenig selbst?
Warum zweifeln wir immer wieder
unsere tiefsten und ehrlichsten Gefühle an?

Warum stellen wir unsere innere Wahrheit
immer wieder in Frage?
Warum gehen wir Wege in unserem Leben,
die nicht die unsrigen sind?

Warum nehmen wir Ängste und Selbstzweifel in Kauf?
Überlassen ihnen Entscheidungen über uns?
Warum bauen wir uns ein Leben,
das uns selbst unglücklich sein lässt?

Warum unterdrücken wir zwanghaft den Wunsch,
unsere Mauern zu überspringen?
Warum verweigern wir uns unseren Anspruch,
unser Recht auf wirkliches, tiefes Glück?

Warum geben wir uns
mit trügerischen, halbherzigen Kompromissen zufrieden?
Warum trösten wir uns scheinheilig mit dem Gedanken,
dass es unserem Nachbarn nicht anders ergeht?

Warum schenken wir unserer inneren Stimme so selten Gehör?

Weil eine Veränderung eine Änderung unserer Selbst erfordert?

11 Nacht

Nacht, du gefürchtete.
Nun stehst du schon wieder vor der Tür,
um diesen Tag abzulösen.

Mit langen Spinnenbeinen
kriechst du in jede Ecke,
um dem letzten Rest Tageslicht
dein schwarzes Gewand überzuwerfen.

Wieder bringst du Geschenke mit,
die du mir ohne Nachfragen
in die Hände legst.
Ich mag deine Mitbringsel nicht.

Sie ziehen eine Spur
der Verzweiflung und Traurigkeit
durch meinen Verstand und mein Herz.
Aber das interessiert dich nicht.

Ich zünde Kerzen an, um dich zu vertreiben.
Doch es reichte mir schon,
noch einen kleinen Zipfel meiner Seele zu ergreifen,
bevor du sie mir entreißt.

Nun bedeckst du mich.
Mit deinem dunklen Schleier, ganz still.
Ziehst mich hinab
in die Tiefen meiner Vergangenheit.

Kein Versteck, dass du nicht findest.
Kein Fluchtweg, den du nicht versperrst.
Ich weiß nicht, wie so oft,
wie ich deinem Werben widerstehen soll.

Kann nur hoffen, wie jede Nacht,
dass meine Kraft reicht,
bis dich die ersten Strahlen
des neuen Tages vertreiben.

12 Beziehungsende

Nun sind wir auseinander gegangen,
trennten unsere gemeinsamen Wege,
nachdem wir feststellen mussten,
dass wir miteinander nicht mehr Schritt halten konnten.

Wir sahen uns dabei nicht in die Augen,
keine Umarmung, die uns gegenseitig hätte trösten können,
kein Wort des Bedauerns,
lediglich das Gefühl, betrogen worden zu sein.

Dabei begann alles so verheißungsvoll.
Ein Funke, der uns beide traf,
und auf der gemeinsamen Schnittstelle unserer beider Wege
ein Feuerwerk der Gefühle entfachte.
Unerwartet und völlig überraschend.

Wir stürzten uns kopfüber in dieses Abenteuer,
ließen uns treiben im Meer der Empfindungen.
Und nannten es Liebe.

Die Wellen schlugen hoch,
rollten über uns hinweg und rissen uns mit sich in die Tiefe.
Wir hielten uns eng umschlungen.

Kein Blick mehr für anderes,
wir erlebten uns gegenseitig immer wieder neu und staunend.
Und glaubten, die Welt würde untergehen,
wenn wir den anderen nicht mehr bei uns hätten.

Wir zauderten keinen Moment zu beschließen,
unsere Wege zu vereinen.
Und gemeinsam durchs Leben zu gehen,
bis an unser Ende.
Wir fassten uns an den Händen.

Die Zeit verging, der Alltag kam und holte unsere Träume ein.
Große Gefühle verflüchtigten sich.
Der Blick aufeinander gewann an Schärfe.
All das Ungeliebte wurde klarer und intensiv.

Selbstverständlich, dass der andere sich ändern muss,
damit wir einander weiter lieben könnten.
Wir hoben die ersten Fallgruben aus,
legten Stolpersteine auf unseren gemeinsamen Weg.
Sie nannten sich: „Ich liebe dich, aber ..."

Ganz unmerklich änderten wir die Art,
uns an den Händen zu halten.
Allmählich wandelte es sich zu einem gegenseitigen Ziehen.
Wir glaubten, bestimmen zu dürfen,
wohin und wie schnell der andere zu gehen habe.

Wir tauschten unsere Liebe gegen Ansprüche aus.
Bauten für den anderen Käfige,
damit er uns nicht entgleiten konnte.
Denn tief in unserem Herzen fühlten wir bereits,
dass wir einander verlieren würden.

Wir hatten nicht gelernt,
dass Liebe unmöglich sein kann,

den anderen in Ketten zu legen.
Dass es unmöglich Liebe sein kann,
den anderen nach eigenen Vorstellungen zu formen.

Dass Liebe unmöglich bedeuten kann,
den Weg des anderen zu bestimmen.
Wir hatten so vieles nicht gelernt.
Und scheiterten daran.

KAPITEL 2

Zwischenstation Hoffnung

13 Krankheit

Kranksein.
Scheinbar alles genommen für den ersten Moment.
Pläne durchkreuzt. Auszeit erzwungen.
Innehalten.
Abstand von Hektik und Stress.

Nicht mehr im Gleichmaß der Gefühle.
Einläutung von Ausnahmesituationen,
kürzerer oder längerer Art.
Nicht absehbar.

Unbekanntes Gebiet.
Spiegel vorm Gesicht.
Der Blick gewollt oder erzwungen?

Konfrontation mit den eigenen Ängsten,
den Nöten, den Verzweiflungen
und Hoffnungen.

Plötzliches Auftauchen
von nie gekannter Sensibilität.
Plötzlich angreifbar.
Bisherige Stärke verflüchtigt.
Alles nur gewesener Schein?

Ein zweiter Blick nötig.
Wirklich alles genommen?
Oder doch vielleicht Geschenk?

Mich selbst wahrzunehmen,
anders als sonst.
Nicht mehr dem Gleichklang der Tage entsprechend,
den Platz verrückt.
Der Blick schärft sich,
nach innen und außen.

Gefühl des Verloren-Seins
setzt neue Maßstäbe.
Veränderung im Denken.
Wandel der Prioritäten.
Rückkehr zu mir selbst.
Mich neu finden.

Krankheit.
Fast immer unerwünscht.
Fast immer unpassend.
Fast immer unbequem.

Und doch,
direkter Schritt hin zu mir selbst.
Direktes Anschauen
des eigenen ungeschminkten Ichs.

Freigegeben zur Bewertung später.
Wenn das geklärte Herz
den Segensschimmer zu erkennen vermag.

14 Missverständnis?

Nachdenken,
Fragen stellen.
Antworten bekommen.

Neue Fragezeichen.
Irritation.
Antwort im ersten Moment nicht passend
auf meine Frage.

Falsch gestellt? Missverständlich?
Noch mal lesen.
Frage, Antwort.
Nein, passt nicht.

Abhaken.
Zweifel stellt sich ein.
Schwanken, Verunsicherung.
Antwort neu überdenken.

Dann, plötzlich Erkennen.
Der Blick wird klarer.
Antwort passt durchaus.
Nur nicht auf diese gestellte Frage.

Eher auf die ungestellten,
verborgen gehaltenen.
Das Herz geht auf.

Lächeln, Kopfschütteln.

Manchmal muss der Verstand erst kapitulieren
bevor man wirklich verstehen kann.

Dank an den
zunächst missverstandenen Antwortgeber.
Veränderung erfolgt
für zukünftige Fragen und Antworten.

Gerade die unpassend erscheinenden
und irritierenden Aussagen
unter einem veränderten Blickwinkel betrachten.

Es könnten die Antworten sein,
die wir am nötigsten brauchen,
auf Fragen, die wir nicht zu stellen wagen.

15 Vergebung

Ich vergebe mir.
Und dir.
Vorwürfe und Schuldgefühle
aus dem Kopf fegen.

Keiner hatte es zum Ziel,
aber Verletzung ist geschehen.
Nicht voraussehbar für den anderen.

Maßgeblich dafür
der Rucksack der eigenen Erfahrungen und Gefühle.
Den Verletzungen im Herzen
einen Verband anlegen.

Eine Ahnung nimmt Gestalt an.
Ich selbst trage Verantwortung dafür.
Was mich treffen kann,
was für Verletzung und Kränkung sorgt.

Ich wähle aus,
was ich in meinem Rucksack
durch mein Leben tragen will.

Also, Gefühle zulassen,
von allen Seiten anschauen,
für Heilung sorgen.

Sich gegenseitig ein vorsichtiges Lächeln schenken.
Die Wärme in die Seele eintauchen lassen.

Einander die Hände reichen.
Einander umarmen.
Und dann vergeben.
Rein und klar, völlig ungetrübt.

Aus tiefstem Herzen.
Und Erleichterung spüren.

16 Zweimal Liebe

Ich nahm allen meinen Mut zusammen
und sagte Dir: „Ich liebe Dich."
Und Du hattest jetzt ein Problem.
Du sagtest mir: „Ich liebe Dich auch, aber nicht so."

Du sagtest: „Ich finde Dich wunderbar,
du bist ein wundervoller Mensch.
Ich fühle mich gut bei dir.
Und du bist wunderschön."

Du sagtest noch viel mehr.
Du berührtest mein Herz.
Du ließest mich himmelhoch jauchzend
und zu Tode betrübt sein.

Du warst der Windhauch,
der in meinem Herzen einen Tornado entfesselte.
Du warst der Sonnenstrahl,
der in mir eine Feuersbrunst entfachte.

Du warst der Regentropfen,
der mein Herz in eine Regenzeit eintauchen ließ.
Ich habe mich bis heute nicht davon erholt.

Ich fühle sie immer wieder.
Genauso intensiv wie beim ersten mal.
Den Tornado, die Feuersbrunst, die Regenzeit.

Jedes Mal,
wenn ich voller Liebe
mit einer Einfärbung von Melancholie
an Dich denke.

Jedes Mal,
wenn ich Dir gegenüber stehe
und Du mich in den Arm nimmst.

Wir waren uns so wichtig,
dass wir beschlossen,
Freunde zu sein, die sich lieben.

Denn Du konntest nicht anders
ja zu mir sagen,
Du wunderschöne, geliebte Frau –

denn das bin ich auch.

17 Sehnsucht

Sehnsucht.
Das Sehnen sucht.
Getragen immer im Herzen.
Starkes Gefühl.

Sehnsucht.
Ruft nach Befriedigung,
nach Stillen des Sehnens.
Oft oberflächlich verarztet
und zum Schweigen gebracht.

In Fesseln gelegt.
Nicht als Hinweis wahrgenommen.
Auf das, was uns in unserem Leben fehlt.

Sehnsucht.
Bleibt niemals still.
Bohrt und nagt,
wirbelt den trügerischen Gleichklang durcheinander.

Hält den Schalter
für mögliche Achterbahnfahrten
fest in der Hand.

Sehnsucht.
Bootet den Verstand aus.
Setzt alle Ampeln auf rot.

Ruft nach Beachtung,
will ernst genommen werden.
Keine Fütterung mit Belanglosigkeiten.

Sehnsucht.
Trägt jedes Herz in sich.
Ganz sicher.

Und in der Essenz
immer als Quelle
die Suche nach Liebe.

Den Blick nach innen richtend.
Dort liegt die Antwort auf unsere Sehnsucht.
Im Verborgenen.

Liebe (zu sich selbst).
Geburtsstätte.
Wiege der Liebe zur Welt.

Herz erwärmend.
Seelen tröstend.
Frieden stiftend.
Leben rettend.
Sinn gebend.

18 Einkehr bei mir selbst

Bisweilen habe ich das Gefühl,
Ballast zu sein.
Für mich selbst
und für andere.

Immer dann,
wenn ich nicht
gänzlich zu funktionieren scheine.

Immer wieder Phasen,
in denen ich mich von den eingetretenen,
von allen beschrittenen Pfaden
weg flüchte,
in denen ich Gesellschaft
nicht ertragen kann.

In denen mir das ganze Tun
so sinnentleert scheint.

In denen die Fragen nach
dem Sein und dem Sinn
an meine Tür klopfen.

In denen ich mich
wie ein Schiffbrüchiger,
ein Suchender fühle.

Stille um mich,
Gedanken verflüchtigen sich.

Leere füllt Stück um Stück
meinen Kopf.

Mit jedem weggleitenden Gedanken
füllt sich mein Herz
spürbar mit Gefühl.

Alles versammelt sich.
Jetzt hat es die größte Chance,
gehört zu werden,
abseits des Trubels,
abseits der Welt.

Stille um mich,
aber nicht in mir.

Gefühle,
eins nach dem anderen,
anschauen, annehmen, loslassen oder
im Fall des Falles
dankbar begrüßen.
Einen sicheren Platz dafür
in meinem Herzen schaffen.

Harmonie mit mir selbst.
Im Wachsen und Entstehen.

Und das Erkennen,
nicht ich selbst bin der Ballast.
Den trug ich nur mit mir herum.

Rückkehr in die Welt
nun wieder möglich.
Gereinigt.
Sicheren Schrittes.

Bis zur nächsten
Einkehr bei mir selbst.

19 Ich

Wer bin ich?

Nur definierbar im Hier und Jetzt.
Ständigem Wandel unterworfen.

Nicht mehr die,
die ich noch gestern war.
Noch nicht die,
die ich morgen sein werde,

Ich.
Gestern, heute, morgen.

Am Gestern.
Nichts mehr zu ändern.
Das Morgen.
Noch nicht bestimmt.

Und im Heute.
Mit jedem Wimpernschlag
ist das Heute ein Gestern.
Und das Morgen ein Jetzt.

Ich.
Nicht wirklich definierbar.
Weder im Hier, noch im Jetzt.
Alles relativ.

Ich.

20 Bitte für mich selbst

Worte stürmen auf mich ein.
Gut gemeinte Ratschläge.
Mit Nachdruck geäußert.
Den Deckmantel der Freundschaft
und der Liebe übergeworfen.

Gefühl,
mich meiner Haut erwehren zu müssen.
Die Worte treffen auf mich wie Gewehrsalven.
Mein Herz bekommt Wunden.

Widerstand erwacht in mir.
Fühle mich bedrängt, vereinnahmt, überrannt.
Mein Herz hat Atemnot.
Holt aus zum Befreiungsschlag.
Aus Angst, erdrückt zu werden.

Entsetzen, Unverständnis als Reaktion.
Ihr findet, ich wäre undankbar.
Habt es nur gut gemeint.

Gerate in Not.
Rettungsversuche.
Abwehr von Schuldgefühlen.
Ausbalancieren eigener Verunsicherung.
Halt nicht verlieren.

Versteht ihr denn nicht.
Ich liebe euch.

Aber ich liebe auch mich.

Brauche ich eure Ratschläge,
dann bitte ich darum.
Stülpt mir nicht eure Lebensvorstellungen über.
Ich lebe mein Leben selbst.

Liebt mich so, wie ich bin.
Nicht so, wie ihr mich haben wollt.

Macht euch kein Bild von mir,
an dem ihr festklebt.
Bin in einem ständigen Wandel.
Im Fluss des Lebens schwimmend.

Muss meine Fehler machen dürfen,
um mich selbst zu erfahren.
Muss falsche Wege gehen dürfen,
um die Richtigen zu finden.

Begleitet mich ein Stück darauf,
wenn es euch gefällt.
Seid da,
wenn ich euch wirklich brauche.
Gebt mir Antworten,
wenn ich euch frage.
Haltet mich,
wenn ich euch darum bitte.

Und bis dahin.
Lasst mich lieben,

stolpern, erkunden, staunen,
fliegen, abtauchen.
Was immer ich will,
um mein Leben zu erfahren.

Dann kehre ich auch immer wieder
gern bei euch ein.
Lasse mich einen Moment
bei euch nieder.
Schenke euch das Beste,
was ich zu geben habe.

Mich selbst.

21 Erfahrungen

Erfahrungsschatz wachsend.
Endvolumen nicht abschätzbar.
Katalogisierung unmöglich.
Frage der Nutzungsmöglichkeiten gestattet.

Verzerrter Blick durch das Erfahrungsokular.
Unmöglichkeit des unvoreingenommenen Erlebens.
Bereits im Entstehen der Bewertung preis gegeben.
Im Erleben seziert, vollständiges Eintauchen verwehrt.

Alte Erfahrungen drücken Neuem rigoros einen Stempel auf.
Verfälschung der Reinheit.
Verwischung der Klarheit.

Nicht endender Kreislauf
immer deckungsgleicher Erfahrungen,
solang das Alte Denken und Fühlen bestimmt.

Ich weigere mich,
Kopien einzigartiger Tage für den Rest meines Lebens zu leben.
Alles über Bord werfen,
ausmisten, Altlasten beseitigen.

Fußketten abstreifen,
hindern mich am ungefilterten Erleben.
Räuber der Freiheit.
Aufatmen.

Erfahrungen überschätzt.

22 Innere Stimme

Die letzten Wochen.
Nicht wirklich gut gelaufen.
Anhäufung von Problemen.
Angeschwemmt mit jeder neuen Welle.
Am Strand meines Ichs.

Kraft schwindend.
Strand füllt sich zunehmend.
Ich mittendrin.

Kein Auge mehr für Sonne.
Der Blick sucht Sorgen beschwert
nach jeder neuen Wellenankunft
den Strand ab.
Auf neues angespültes Strandgut.

Die innere Stimme nicht mehr zu hören.
Zum Schweigen gebracht.
Hatte mich gewarnt.
Aus Sorge, mit Weitsicht.

Ich glaubte, es besser zu wissen.
Meinte, nichts könne mir etwas anhaben.

Und nun.
Umzingelt von Sorgen und Problemen.
Seltsam niedergeschlagen, kraftlos.
Die großen Ideen verflüchtigt.

Ein Häufchen Elend.
Eingetaucht ins Meer des Selbstmitleids.
Jammernd, bettelnd.
Reuevoll nach einem Zeichen meiner inneren Stimme
Ausschau haltend.

So blind gewesen.
Mir selbst
und meiner inneren Wahrheit gegenüber.

Nein,
nicht warten auf ein Zeichen.
Das Strandgut aufräumen.
Mit jedem vollbrachten Stück
Platz machen für meine innere Stimme.

Und ihr damit
wieder einen Platz einräumen ...

23 Warten

Seltsamer Gedanke.
Nimmt Gestalt in mir an.
Mein Leben
besteht aus Warten.

Ich warte auf das Herannahen des nächsten Termins.
Darauf, dass du zu mir kommst.
Auf den Morgen und den Abend.
Auf das große Glück.

Ich warte auf eine zündende Idee.
Warten.
Warten.
Immer wieder Warten.

Warum nur warte ich auf alles.
Dieses ewige Warten,
Grund für Traurigkeit und Melancholie.
Irgendetwas stimmt nicht an diesem Lebensplan.

Ein klarer Gedanke bricht einem Kometen gleich
in meine Gedankenwelt.
Über all dieses Warten
den Blick für das Hier und Jetzt verloren.

Im Warten auf das ungewisse Morgen
die Chancen im sicheren Heute verloren.

Veränderung wird wartend nicht geschehen.

Nicht die Welt wird zu mir kommen.
Ich muss hinaus.

Augen öffnen, Chancen wahrnehmen.
Zugreifen. Sich öffnen.
Für die Möglichkeiten des Augenblicks.

Angstfrei, genussvoll.
Darauf vertrauend, dass wir einander finden.
Und ich.
Nicht mehr wartend.

24 Ursprung

Jeder einzelne
Zusammenballung,
Materialisierung reiner Energie.

In uns, um uns.
Seele pur.
Füllt uns aus, hüllt uns ein,
kleidet uns in strahlendes Gewand.

Unser Blick,
nicht mehr sensibel,
nicht mehr geschärft genug dafür.

Könnten sonst erkennen,
wie sich unsere Seelen gegenseitig berühren,
ineinander übergehen.

Könnten staunend entdecken,
dass wir nicht enden,
unsere Energien nur mit steigender Entfernung vom Anderen
an Dichte verlieren.
Aber immer noch existieren.

Umlaufbahnen gleichen den Ringen,
beim Steinwurf in den See entstehend.
Sich ausbreitend.
Und nie endend.

Einen zweiten Stein werfend,
sendet auch er Wellen,
die die anderen berühren.
Sich daran brechen.
Miteinander in der Weite des Sees vereinend.

Könnten wir das erkennen,
wüssten wir wieder,
dass wir alle selben Ursprungs sind,
nur scheinbar beginnend und endend.

In Wirklichkeit eins sind
mit allem und jedem.
Könnten die Liebe spüren,
wären uns unserer Verantwortung bewusst.
Uns selbst und dem anderen gegenüber.

Das Erkennen,
dass wir alle derselben Quelle entsteigen,
könnte unsere Welt verändern.

25 Vertrauen

Vertrauen.
Höchst zerbrechliches Gebilde.
So oft so leicht zu erschüttern.

Ein unbedachtes Wort.
Ein kränkender Blick.
Eine missverstandene Tat.

Vertrauen.
So schnell mit Rissen versehen.
Und so schwer zu heilen.

Am Anfang warst du da,
groß und uneingeschränkt.
Gegenüber allem und jedem.

Mit jedem Tag des Lebens
ein Stück mehr herausgerissen.
Nichts dagegen zu setzen gehabt,
um dich wieder heil werden zu lassen.

Statt dessen Mauern und Ängste genährt,
gehütet und groß werden lassen.
Mit jedem Tag mehr zur Normalität geworden.

Das Eins-Sein. Eins-Fühlen.
Mit allem und jedem.
Ausgetauscht gegen Abgrenzung.
Sorgsames Vermeiden jeder neuen Enttäuschung.

Innere Vereinsamung in Kauf genommen.
Mit jedem neuen Tag die Chance verringert,
trotz aller Enttäuschungen
Vertrauen auch wieder neu zu lernen.

26 Vertrauen II

Sich immer ein Stück zurück halten.
Nie alles preisgeben.
Angst vor Verletzung und Kränkung.
Gegenteil von Vertrauen.

Das eigene Innere gut bewachen.
Hecken des Misstrauens im Laufe des Lebens gewachsen.
Alles Eintreffende bewerten, auf Gefahr untersuchen.
Nur nicht unaufmerksam werden.

Das letzte Stück Hingebung.
Immer bei sich behalten.
Aus Angst, sich auszuliefern.
Wehrlos zu sein.

Sich selbst Fesseln anlegen.
In Form von Selbstzensur.
Täglich mehr perfektioniert.
Im Widerstreit der eigenen Gefühle,

Träume, Wünsche,
die in der eigenen Tiefe ruhen.
Auf ihren großen Auftritt warten.
Vergebens.

Die innere Stimme flüstert verlockende, himmlische Worte.
Rät, die Hecken des Misstrauens auszureißen,
die Angst vor Verletzung und Kränkung
dem Wind und dem Meer zu übergeben.

Daran zu glauben,
in der größten Schwäche
die größte Stärke gebären zu können.
Die Fesseln der Selbstzensur zu sprengen.

Sie ermutigt mich,
schubst mich auf den Weg,
öffnet meinen Blick für die Möglichkeiten.
Die Tür in mein Leben öffnen.
Wunder Zulassen. Vertrauensvoll.

Das Werkzeug finde ich in mir selbst.

27 Ver-rückt

Menschen um mich herum sagen mir,
ich sei zu oft traurig,
mache mir zu oft schwere Gedanken.

Lass davon ab.
Fang endlich an,
das Leben zu genießen.
Nimm es leicht.

Was aber,
wenn ich an euren Vergnügungen
keinen Gefallen finden kann?
Ich mir die Möglichkeit
eines anderen Lebensweges eingeräumt habe.
Auch wenn ihr den nicht versteht?

Ich höre,
ich muss mehr Spaß haben.
Darf mich nicht so oft zurückziehen.
Muss mehr feiern,
auch mal neben der Spur treten.
Was Verrücktes tun.

Was aber,
wenn mir euer Spaß keinen Spaß bereitet?
Ich mitten unter euch stehe
und mich eure Art des Lebens nicht berührt?
Und ich mich unter euch doch allein fühle?

Würdet ihr mir Ratschläge geben,
wenn ihr nicht den Eindruck hättet,
ich unterscheide mich von euch?
Wenn ihr nicht meintet,
ich wäre schon ver-rückt?

Ist es die Lösung,
mich euch gleich zu machen,
damit ihr zufriedener mit mir sein könnt?

Nein, dann suche ich lieber weiter.
Nach Antworten auf meine Fragen.
Halte weiter Ausschau nach Menschen,
die mir im Verstehen nahe kommen,
denen meine Ver-rückung kein Problem bereitet.

Dann bin ich lieber noch ein Weilchen ver-rückt,
gehe meinen eigenen Weg.
Nehme in Kauf,
dass ihr mich darauf nicht begleiten könnt.

Vermag sehr wohl,
den eurigen zu akzeptieren,
ohne ihn für mich als passend zu betrachten.

Könnt ihr das mir gegenüber nicht ebenso,
vielleicht sogar aus Angst,
meine Ängste, Fragen und Zweifel könnten euch infizieren,
dann muss ich mich eben leider auch ein Stück von euch
ver-rücken.

28 Wünsche

Als ich Kind war, bestückten sie mein Leben.
Wie Sterne das Himmelszelt.
Wurden aus meinem Herzen geboren,
rein wie ein klarer Flusslauf.

Ihr Erfüllung entzückte mich.
Ließ mich das Leben glücklich umarmen.
Gewärmt vom kitzelnden Sonnenstrahl
meiner Wunschwahrwerdung.

Den Kinderschuhen entwachsen,
änderten sich meine Wünsche.
Wie ein Chamäleon,
sich seinem Umfeld anpassend.

Ich lernte schnell,
Die Bedeutung von Status und Ansehen.
Die Entfernung von meinen Herzenswünschen
damit Anfang nehmend.

Wünsche kamen nun nicht mehr
aus der Tiefe meines Herzens.
Sie entsprangen der Gier und dem Haben-wollen.
Status und Ansehen pflegend.

Das Ringen um ihre Erfüllung krampferfüllt.
Unbegleitet von freudvollem Entzücken.
Sachlich abgehakt auf der Liste der zu erhaltenden Dinge.
Zur Fessel meiner Selbst werdend.

Nicht mehr identisch mit meinem Selbst.
Zurückfinden, Umkehr und Abkehr wagen,
den Sinn hinterfragen.

Wieder einen Sternenregen sehen,
wenn sie sich erfüllen.
Meine wirklichen und wahren
Wünsche.

29 Fragen

Ihr sagtet,
es gäbe Gebote,
die mein Leben bestimmen müssten.
Es gäbe so etwas wie Ethik und Moral,
und das wäre das höchste Gut des Menschen.

Ihr sagtet diese Worte zu mir.
Ich glaubte euch, denn ihr wart die,
die mein Leben bestimmten, als ich klein war.
Dann wurde ich größer.
Sah nicht mehr nur meine eigene kleine Welt.

Schaute hinaus auf das Leben, das mich umgab.
Sah Dinge, die ich nicht verstand.
Ich fragte euch,
aber eure Antworten waren keine.

Ich begann,
an eurer Größe und an eurem Wissen zu zweifeln.
Geriet in unruhiges Fahrwasser.
Angetrieben von Zweifeln und Fragen.
Hin und her gewirbelt von eigener Unvollkommenheit.

Heute frage ich mich,
ob ihr nicht auch Angst hattet,
weil euch Antworten fehlten,
weil meine Fragen eure eigenen wunden Punkte
hätten berühren können.

Damals habt ihr mich verletzt,
mit eurer Abwehr und Ablehnung,
vermutlich um euch selbst zu schützen.
Heute durchdringt mich tiefes Bedauern,
wenn ich zurückdenke.

Über die vergebenen Chancen,
gemeinsam neue, ehrliche Antworten zu finden.
Über gegenseitige Ablehnung und Verletzung,
statt einander in den Arm zu nehmen und zu halten.
Über euer eigenes Unglücklich-Sein mit dem,
wie ihr euer Leben ausgestaltet hattet.

Heute reiche ich euch wieder die Hand.
Lasse euch an meiner Suche nach Antworten teilhaben.
Manchmal habe ich das Gefühl,
ohne eure Verweigerung würde ich heute vielleicht auch
keine Fragen mehr stellen.

30 Mit welchem Recht?

Die größten Enttäuschungen werden geboren
aus unseren Erwartungen an die anderen.
Ein Paradoxon, wie mir scheint.

Die Erfahrungen wiederholen sich
beständig, fast deckungsgleich.
Und ebenso beständig halten wir
unbelehrbar an unseren Vorstellungen und Wegen
des Umgangs miteinander fest.

Wir stellen uns scheinbar nie die Frage,
mit welchem Recht, welcher Motivation
wir Erwartungen ganz selbstverständlich an andere stellen.
Und gleichermaßen selbstverständlich davon ausgehen,
dass diese Erfüllung finden (müssten).

Sind denn die anderen unsere Marionetten,
an deren Fäden wir nur ziehen,
um sie nach unserem Bilde tanzen zu lassen?

Verweigern wir uns nicht gegenüber Forderungen,
die an uns gestellt,
wenn sie nicht übereinstimmen mit unserem Wollen und Sein?

Wehren wir uns nicht auch gegen fremde Ansprüche.
Weisen die Fesseln und engen Zellen der Borniertheit zurück.
Nehmen sie uns doch die Luft zum Atmen.
Die Freiheit zu leben.

Mit welchem Recht fordern und erwarten wir,
was wir selbst zu geben nicht bereit sind?

Mit welchem Recht?

31 Was wäre, wenn ...?

Alle Welt spricht davon.
Endzeitszenarien erfreuen sich zunehmender Beliebtheit,
sondern einen makabren Beigeschmack ab.

Die Pole schmelzen,
der Meeresspiegel steigt,
Überflutungen und Dürrezeiten wechseln sich
in nicht vorhersehbarem Rhythmus und Ausmaß ab.

Das Ozonloch wächst,
die schützende Hülle um unsere Erde
verliert an Stabilität.
Mutter Erde, getreten und geschunden.

Und wir.
Vergiften uns mit offenen Augen
und vollgestopft mit Wissen selbst.
Niemand, der davon nicht Kenntnis besäße.

Und doch.
Pure Absurdität des menschlichen Denkens.
Die Hoffnung, dass wir es überleben.
Irgendwie.

Szenarienwechsel.

Was wäre, wenn
es die Wiedergeburt tatsächlich gäbe?

Was wäre, wenn
wir in wenigen Jahrzehnten
erneut ins dann gleißende Licht der Sonne blicken würden?

Was wäre, wenn
wir dann auf einer vertrockneten Erde laufen,
es fast nur noch Wüste gäbe?

Was wäre, wenn
wir Hunger leiden müssten,
weil wir die Erde im Hier und Heute vergiftet haben?

Was wäre, wenn
wir uns dann unserer Taten erinnern würden?
Könnten wir dann immer noch sagen,
gut, dass es uns damals gelang,
unsere Augen und Herzen zu verschließen.
Unseren Verstand mundtot zu machen?

Würden wir wirklich?

32 Zu offen?

Sehr lange und oft hörte ich von dir:
„Ich kann dich nicht einschätzen,
ich weiß nicht, was du denkst und fühlst.
Du gibst so wenig preis von Dir."

Ja, mein Freund, ich stimme dir zu.
Du hattest Recht.
Niemanden ließ ich allzu tief in meine Seele blicken.
Brauchte diesen Schutz für mich selbst.

Ich hatte eines verlernt – Vertrauen.
Vertrauen zu mir selbst.
Vertrauen zu den Menschen, die mich umgaben.
Vertrauen in das Leben.

Hatte zu viele Verletzungen erfahren
in meinem damaligen Leben.

Du gabst mir das Gefühl,
dass es an der Zeit wäre,
meine Mauern Stück um Stück abzutragen.

Du halfst mir dabei,
trugst selbst Stein um Stein beiseite.

Doch das, was du zu sehen bekamst,
verunsicherte dich, bescherte dir Hilflosigkeit.
Darauf warst du nicht vorbereitet.

Und nun überlegtest du, ob es richtig war,
in mein Inneres schauen zu wollen.
Du wusstest damit nicht umzugehen.

Irgendwann sagtest du zu mir:
„Du bist zu offen,
du trägst deine Seele zu sehr nach außen."

Doch das Öffnen ließ sich nicht mehr aufhalten.
Ich wollte es auch gar nicht mehr.
Hatte Gefallen daran gefunden,
Sonnenlicht in mein Herz zu lassen.

Fand es befreiend,
meinem Herzen und meinen Gefühlen
einen freien unversperrten Blick
nach außen zu gewähren.

Und eines Tages hatte ich die Ahnung,
dass meine Offenheit inzwischen
an deinen eigenen verschlossen Türen des Herzens anklopfte.
Und nun hattest du Angst, sie zu öffnen.

33 Schubladen

Wir alle machen uns Bilder von Menschen,
die uns umgeben.
Schreiben ihnen bestimmte Eigenschaften zu.
Und katalogisieren sie dann akkurat in unseren Schubladen.

Einmal dort angelangt,
besteht kaum noch eine Chance
auf einen Wechsel der zugewiesenen Schublade.

Wenn uns dann der eine oder andere
mit Handlungen überrascht,
die unser Katalog nicht enthält,
dem gemachten Bild nicht entspricht,
geraten wir in schwieriges Fahrwasser.

Wir stellen selten fest,
dass unsere Bilder die Realität des Anderen
nur ausschnittsweise widerspiegeln.
Halten unser Katalogisierungsdenken für perfekt.

So gehen wir noch einen Schritt weiter.
Nicht unser System ist zu hinterfragen.
Nein, der Andere, der Unpassende ist in Frage zu stellen.
Ganz unverblümt, ganz selbstverständlich.

Was traut der sich denn?
Wie kann er es wagen?
Wieso nimmt der sich das Recht heraus,
unser System durcheinander zu bringen?

Unser Unverständnis gibt das Signal,
fordert uns auf,
diesen Querulanten zurück in seinen Rahmen zu pressen.

Widerstände machen uns erfindungsreich.
Greifen in unserer Not zu emotionaler Erpressung,
Verurteilung und im äußersten Notfall,
zu Angriff und Vernichtung.

Der Zweck heiligt die Mittel,
wenn es um das Wohl unserer eigenen Beschaulichkeit geht.
Unser kleiner Frieden, unsere kleine Ungestörtheit.
Gestützt von Vorurteilen, feststehenden Meinungen.

Unser vorgefertigter Blick bringt uns um die Farbenfrohheit,
um Überraschungen, Anregungen, Impulse für uns selbst.
Wir verweigern unserem Gegenüber die Möglichkeit,
sich in all seiner eigenen Wunderbarkeit zu zeigen.

Weil wir uns das selbst nicht zugestehen?
Weil wir Türen aufstoßen würden zu nicht planbarer Freude
und vielleicht auch Leid?
Weil wir unsere Bilder von den Wänden nehmen
und unsere Schubladen weit öffnen müssten?

Angst vor der Fülle und der möglichen
Vielfalt des Lebens.

34 Bildung des Herzens

Als wir Kinder waren,
da hatten wir sie noch.
Unverfälscht, reinen Herzens, frei wie der Wind.
Die Bildung des Herzens.

Dann besuchten wir Schulen,
verleibten uns in unerschöpflichem Maße Wissen ein.
Wir nannten das Bildung des Geistes.
Und waren so stolz darauf.

Später erlernten wir einen Beruf oder studierten,
um uns zu spezialisieren,
uns zu Könnern unseres Fachs zu entwickeln.
Und waren so stolz darauf.

Wir stiegen ins Berufsleben ein, gründeten Familien,
strebten nach der Erfüllung unserer Wünsche,
wollten wer sein.
Und waren so stolz darauf.

Aber wir vergaßen darüber
die Bildung des Herzens.

Wenn wir Pech hatten,
konfrontierte uns das Schicksal mit Situationen,
die wir als ungerecht empfanden,
die uns aus unserer gewohnten Lebensbahn warfen.

Gelang es uns, diese Stolpersteine zu beseitigen,
dann waren wir sehr stolz darauf.
Doch in der Regel verpassten wir,
diese Herausforderungen als das zu verstehen,
was sie wohl waren.

Aufforderung und Chance zur
Bildung unseres Herzens.

So gehen wir weiter durch unser Leben,
bis uns Alter und äußerer Verfall einholen.
Dann werden wir wohl feststellen,
dass wir allein sind.

Und uns wünschen,
wir hätten dieses Leben genutzt.
Zur Bildung unseres Herzens.

Hätten damit die Tür weit geöffnet für
Mitmenschlichkeit, Liebe,
Umeinander- und Füreinander-Sorgen,
Vergebung und gegenseitigen Halt.

Doch so plagen uns mit jedem Tag mehr
unsere Zweifel und Ängste,
unser Bedauern und unsere Trauer
über verpasste Chancen und begangene Fehler
aufgrund mangelhafter Bildung unseres Herzens.

35 Widersprüche

Umsorgen unsere Kinder,
so gut wir können.
Versuchen, sie zu schützen.
Sie das zu lehren, wovon wir glauben,
sie würden es brauchen können.
In ihrem späteren Leben.

Aber es interessiert es uns,
wenn von nebenan Schreie ins Ohr dringen.
Hilferufe eines wehrlosen Kindes,
das mit Schlägen und Gewalt
zerbrochen wird.
Wenn Kinder irgendwo in der Welt,
bisweilen sogar nebenan,
den Hungertod sterben.

Wir lassen unseren tierischen Hausgenossen
grenzenlose Fürsorge angedeihen,
die den Anstrich des Absurden
kaum verleugnen kann.

Interessiert es uns,
dass zeitgleich auf unserer Erde
Tierart um Tierart
zum Aussterben verurteilt wird.
Durch uns.
Dass Tiere als Objekt Nutzvieh gehandelt werden.
Unter Bedingungen lebend und sterbend,
die uns Tränen in die Augen

und Scham ins Gesicht treiben müssten.

Wir pflegen unsere Blumen und Pflanzen,
die uns umgeben,
voller Hingabe und Begeisterung,
schwelgen in ihrem Duft und ihrer Farbenpracht.

Aber interessiert es uns,
dass Wälder der Abholzung preisgegeben sind.
Dass Felder in Chemikalien ertränkt werden.
Wir Mutter Natur mit jedem Tag mehr vergiften.

Wir prangern Verbrechen unbarmherzig an,
ohne Mitleid und Gnade,
sofern sie Bedrohung für uns selbst sind.

Interessiert es uns,
dass anderswo auf der Welt Kriege geführt,
Menschen getötet werden,
mit unseren Waffen und manchmal auch
in unserem Namen.

Unser Luxus ist uns wichtig.
Die Ruhe sicher gestellt
durch Schließen der Augen und Ohren.

Wären wir nun
auf der anderen Seite geboren,
würde es uns dann immer noch nicht interessieren?

36 Wunschkind

Wunschkind war ich,
sagtet ihr mir.
Ergebnis eurer Liebe.

Wunschkind.
Was heißt das schon?
Ein Kind mögt ihr euch gewünscht haben.

Aber entsprach das,
was ihr bekamt,
wirklich euren Wünschen?

Wunschkind also.
Hättet ihr mich nicht manchmal
Gern wieder zurück gegeben?

Eingetauscht gegen jemanden,
der tatsächlich
dem Bild eurer Wünsche entsprach?

Wunschkind, vielleicht.
Will nicht in Abrede stellen,
ihr hättet euer Möglichstes getan.

Und doch,
fühlte mich oft meiner Flügel beraubt.
Fühlte zu wenig eure Liebe zu mir.

Spürte den Druck der Ketten an mir ziehen.
Ketten von unerfüllbaren Regeln und Erwartungen.
Weckten Wut und Trotz und Widerstand.

Wunschkind.
Ich wünschte, ich wäre lange genug Kind geblieben.
Stelle fest, stattdessen viel zu früh erwachsen geworden.
Tränen in den Augen.

Wo waren meine kindlichen Wünsche,
Sehnsüchte und Hoffnungen.
Konntet ihr sie hören und verstehen?
Kann mich ihrer selbst nicht mehr erinnern.

Dieses Kind wünschte sich wohl
Liebe, Wärme, Verständnis, Zeit.
Es bekam ein Dach über dem Kopf,
Nahrung, Kleidung, Spielzeug.

Die Seele geriet eines Tages in Aufruhr,
wehrte sich dagegen zu verkümmern.
Und einen emotionsarmutsbedingten Tod zu sterben.

Gabt mir das Gefühl, euch zu enttäuschen,
euren Wünschen nicht zu entsprechen,
und später das Gefühl,
nicht erwünscht zu sein in eurer kleinen, geregelten Welt.

Heute weiß ich, dass ich nie gelernt hatte,
mich selbst zu lieben, so wie ich bin,
mit all meiner Einzigartigkeit.

Und auch (Un-)Vollkommenheit.

Vielleicht, weil ich bei euch so selten erfuhr,
dass ich all diese Dinge bin.

Heute weiß ich, dass der Grund dafür ist,
dass ihr es selbst nie anders erfahren habt.
Dass auch ihr nie lerntet,
euch selbst zu lieben.

Gejagt wurdet von den Zweifeln und Ängsten
eurer eigenen scheinbaren Unzulänglichkeiten.
Ich weine um mich,
aber ich weine auch um euch.

Ich selbst lerne es,
mich zu lieben, zu umfangen, anzunehmen.
Und wünsche euch so sehr,
dass der Funke im Erkennen auf euch überspringt.

Und euer Wunsch-Kind
doch noch Wirklichkeit wird.

37 Karnevalsmaske

Wozu setzen wir extra Masken auf?
Es würde doch genügen,
die unseres Alltags abzulegen.
Kein Mensch würde uns erkennen.

Sind so sorgsam darauf bedacht,
keine Gefühle, keine wahren Gedanken zu äußern.
Irriger Weise glaubend,
dann unser Gesicht zu verlieren.

Sind so bemüht darum,
uns zu verstecken, anzupassen,
um anerkannt, bewundert zu werden.
Uns den Applaus der Öffentlichkeit sichernd.
Um uns im Alleinsein nicht mehr zu erkennen.

Wozu also die Masken
im Karnevalsgetümmel?

Es wagen, die Masken abzulassen,
die wir uns täglich in der Begegnung aufsetzen.
Einander von Neuem entdecken
und erkennen.

Dem Ich die Chance einräumen,
sich Tag für Tag zeigen zu können.
nicht nur für ein paar Tage im Jahr.
Verborgen hinter einer Karnevalsmaske.

38 Kleiner Spatz

Tratest in mein Leben, kleiner Spatz.
Einfach so, mit deinen gerade mal fünf Jahren.
Du – die kleine, ich – die große,
scheinbar.

Das Strahlen deiner Augen,
deine ansteckende kindliche Freude
übten von Anfang an
eine unbeschreibliche Faszination auf mich aus.

Ich, im Gegenzug, voller Bangen,
erfüllt von Zweifeln,
ob ich dieser Aufgabe gewachsen sein würde.
Dich zu begleiten.

Du brachtest mir soviel Liebe entgegen.
Doch meine Ängste überschatteten unsere Beziehung.
Hatte nicht gelernt, mich selbst zu lieben.
Wie sollte es mir da gelingen,
mit deiner Liebe umzugehen.

Wende ich meinen Blick zurück,
erkenne ich voll Kummer,
wie oft ich dir Unrecht tat,
dich zurückstieß, obwohl du mir die Tür auftatest,
ein Stück Himmel zu sehen.

Ich liebte dich, so gut ich es vermochte.
Erinnerte mich, wie sehr ich als Kind wünschte,

selbst himmelhoch zu fliegen.
Gab mir alle Mühe, deine Flügel nicht zu stutzen.

Mein lieber, kleiner Spatz,
warst mir in so vielem voraus.
Ich erkenne es erst jetzt.
Du suchtest die Tür zu meinem Herzen.
Und ich öffnete sie angsterfüllt immer nur einen winzigen Spalt.

Gab deiner Suche nicht nach, ließ dich nicht ein.
Konfrontierte dich mit meinen Regeln und Erwartungen,
statt von dir zu lernen.
Und für mich selbst heil zu werden.
Versuchte viel zu oft, dich mir gleich zu machen.

Dein kindliches Herz lehnte sich dagegen auf.
Heute sage ich, zu recht.
Damals nahm ich es persönlich,
fühlte mich gekränkt, zurück gewiesen.
Wieder einmal nicht geliebt.

Wie sehr wünschte ich mir,
ich hätte all das viel früher erkannt.
Wie sehr wünschte ich mir,
ich hätte die wenigen Jahre mit dir
noch sorgsamer, aufmerksamer in mich aufgesogen.

Kleiner Spatz, ich hoffe so sehr,
dass meine Gedanken dich erreichen können,
meine Dankbarkeit über unsere gemeinsame Zeit
fühlbar für dich ist.

Verzeih mir, kleiner Spatz.
Ich liebe dich.

KAPITEL 3

Von Augenblicken und Liebe

39 Hoffnung

Mein Gesicht von Tränen benetzt.
Mein Verstand hisst die schwarze Flagge.
Neben, vor und hinter mir –
Bilder des Elends.

Menschen mit flehenden Augen,
bittenden Händen, stummen Hilfeschreien.

Von allem genug gegeben,
es könnte für alle reichen.
Warum diese Bilder?

Mensch, wo hast du dein Herz versteckt?
Sitzt es sich gut in den warmen Stuben?
Siehst Du gut mit geschlossenen Augen?
Schweigt das Gewissen tatsächlich?

Mensch, wo bist du?
Fühlst du nicht auch die Unruhe in dir?
Fragen und Zweifel, klopfen sie bei dir an?
Hast du manchmal auch das Gefühl,
es wäre nicht recht, so, wie es ist?

Wegschieben macht es nicht vergessen, oder?
Jeder neue Erfolg fühlt sich doch irgendwie
ausgehöhlter, sinnentleerter an.

Unbehagen macht sich manchmal breit –
und du weißt nicht, woher es kommt.

Mensch, öffne dein Herz,
vereine Dich mit Deiner Seele.
Glaube nicht, du könntest nichts bewegen!
Wer sollte beginnen, wenn nicht DU !?

Strahlend blauer Himmel über mir.
Ein Sonnenstrahl streichelt mein Gesicht,
trocknet meine Tränen.

Mache mich auf den Weg,
Hoffnung keimt zart auf ...

40 Kinderlachen

Kinderlachen fliegt durch die Luft,
macht sich auf den Weg in mein Herz.
Klopft sacht an,
lässt sich nicht abweisen.

Bahnt sich einen Weg
durch alles Gestrüpp, über alle Mauern,
hinter denen sich
mein Herz verkrochen hat.

Ein magischer Schlüssel,
voller Zauber und Musik,
durchtränkt von Glückseligkeit,
ein Hauch Unendlichkeit.

Fegt ohne zaudern und überlegen
den Schleier aus Angst,
Verzweiflung, Wut und Zorn
über meinem Herzen beiseite.

Eine Träne formt sich langsam,
rinnt über mein Gesicht,
weitere folgen,
werden zu einer Sturzflut.

Ich fühle mich hilflos,
wehrlos, überfahren
von meinen eigenen Gefühlen.

Verwunderung, Staunen und dann …
durch den Tränenschleier hindurch
ganz langsam, ganz zart,
unbeholfen, fast zögernd –
ein Lächeln auf meinem Gesicht.

Fühle mich wundersam getröstet.
Wärme durchströmt mein Herz.
Liebe macht sich breit.
Bist du das, meine Seele?

Tiefe Dankbarkeit
für ein Kinderlachen,
unbekannter Weise …

41 Eins-Sein

Ganz still, ganz sacht,
schwebt eine Feder herab.
Schwingt sich mit jedem Lufthauch
wieder ein Stück hinauf.

Ein Gefühl von Frieden
nimmt Besitz von mir.
Berührung, Ergriffenheit
durch Zartheit, Sachtheit.

Mein Herz wird still,
zieht sich zusammen.
Fast tut es schon weh,
auf der Schwelle zwischen Schmerz und Glück.

Und plötzlich, ganz unerwartet,
dehnt es sich aus,
immer weiter und weiter.
Ich möchte die ganze Welt umarmen.

Staunen.
Ich fühle Liebe,
gegenüber allem und jedem.
Ich fühle mich eins.

Eine kleine, flauschige, zarte Feder ...
vermag mich so unendlich tief anzurühren,
Tür und Tor zu öffnen,
meine Seele zum Fliegen bringen.

Die leisen Töne sind es wohl,
in unerwarteten Augenblicken,
die uns zum Erklingen bringen.

Ich lächle aus der Tiefe meines Herzens.
Und ich wünsche einem jeden
eine solche Feder auf dem Weg.

Dass sich die einzelnen Töne aller
über alle vermeintlichen Schranken und Grenzen hinweg
zu einer einzigen wunderbaren
Harmonie zusammenfügen.

Frieden.

Eins-Sein.

42 Regentropfen

Der Himmel öffnet sich.
Ein Tropfen, dann zwei,
dann immer mehr.

Schließe langsam meine Augen,
halte ihnen mein Gesicht
sehnsuchtsvoll entgegen.

Meine Arme wollen sich ausbreiten.
Ich atme tief ein,
rieche und schmecke die Tropfen,
fühle jedem einzelnen nach.

Tropfen finden zueinander, vereinen sich,
Wasserbäche rinnen über mein Gesicht.
Ein Lachen bahnt sich seinen Weg
aus der tiefsten Tiefe meiner selbst.

Ich fühle mich um Jahre zurückversetzt.
Für Augenblicke bin ich wieder das Kind,
das ich einmal war.

Pures, vorbehaltloses, ungetrübtes Vergnügen.
Kein Denken, keine Sorgen.
Mich fühlen, mich spüren.
Ein Gefühl von Frieden und Liebe
hüllt für den Moment alles ein.
Trägt mich fort auf seinen Schwingen.

Die Tropfen fallen nur noch vereinzelt.
Der Regenguss ist gleich vorüber.

Meine Arme suchen unaufgefordert ihren Weg.
Umfangen mich, ganz vorsichtig, ganz sacht.
Es fühlt sich ungewohnt an,
und unglaublich schön, tröstlich.

Für einen Moment keimt in mir eine Ahnung auf,
dass mir nichts passieren kann,
dass alles gut ist,
solange ich bei mir selbst bin.

Ein letzter Regentropfen fällt auf mein Gesicht.
Ein Tropfen, der aus dem Himmel fiel,
und sich mein Herz dem Himmel ein Stück näher fühlen ließ –
für einen Moment.

Ich hebe dieses Gefühl sorgfältig auf für die Momente,
in denen mein Herz Rettung braucht
durch die Erinnerung an einen
Regentropfen.

43 Strandspaziergang

Möwen kreisen über mir.
Ich gehe am Strand entlang.
Mein Blick gleitet über das weite Meer.
Blinzelnd suche ich am Horizont
die Linie zwischen Himmel und Meer.

Es gelingt mir nicht.
Wasser und Himmel scheinen ineinander überzugehen,
miteinander zu verschmelzen.

Wellen rollen sich beständig ans Ufer,
ziehen sich nach einem kurzen Moment des Verweilens
wieder ins Meer zurück.

Ein kleines Stück Welle bleibt immer zurück,
verbindet sich mit dem Sand.
Fast scheint es wie ein kleiner Tod
und gleichzeitig wie neues Erwachen.

Langsam versickert das Wasser,
findet seinen Weg zwischen jedem einzelnen Stein.
Verleiht ihnen leichten Glanz.
Sonnenstrahlen spiegeln sich darin.
Regenbogenfarben leuchten hier und da auf.

Das Schreien der Möwen,
das Rauschen und Schlagen der Wellen
dringen an mein Ohr.

Ich kann das Meer riechen.
Salzgeschmack macht sich im Mund breit.
Eine leichte Brise streichelt mein Gesicht.
Sonnenstrahlen hinterlassen ein wohliges Gefühl
auf meiner Haut.

Tiefes Aufatmen bahnt sich seinen Weg,
trägt alle Spannung aus mir heraus,
übergibt sie dem Wind und dem Meer.
Frieden breitet sich in mir aus.

Mit einem tiefen, alles umfassenden Lächeln
gehe ich den Strand entlang.
Von Dankbarkeit erfüllt.
Den Blick und das Herz geöffnet
für das Wunder des Augenblicks.

44 Augen-Blick

Einkaufspassage.
Menschen um mich herum.
Unbekannte.
Fremde.

Ich mittendrin.
Mensch.
Unbekannte.
Fremde.

Abstand halten.
Niemanden Anstoßen.
Ausweichen.
Den Blick gesenkt.
Lücken ausnutzen.
Den eigenen Weg suchen.

Schaufenster.
Ein schneller Blick hierhin.
Ein flüchtiger Blick dahin.
Da liegen sie, die Konsumgüter,
die vermeintlichen Überbringer
von Glück und Zufriedenheit.
Gaukler.

Kaufrausch bahnt sich an.
Ein Shirt hier,
Ein paar Schuhe da.
Schön sehen sie aus.

Sie müssen mit.
Tröster für das Herz,
Füller der Leere.
Schleier über der Sehnsucht.

Schnell bezahlen.
Einpacken.
Weiter laufen.
Die Hände voller schöner Dinge.
Aber, allein.

Abstand halten.
Niemanden Anstoßen.
Ausweichen.
Den Blick gesenkt.
Lücken ausnutzen.

Ich fühle mich gehetzt.
Plötzlich passiert es.
Ohne Vorwarnung.
Mein Arm streift einen anderen.
Kurzes Erschrecken.
Aufblicken.
Angstvoll.
Entschuldigend.

Ich schaue in ein paar Augen.
Ich sehe Erschrecken.
Angstvoll.
Entschuldigend.

Dann bricht es sich Bahn,
unaufhaltsam,
inmitten der vielen Menschen,
der Unbekannten,
der Fremden.

Für einen Augenblick
treffen zwei Lächeln aufeinander.
Unsicher.
Zaghaft.
Machen Platz für ein kurzes Erkennen.
Senden ein wärmendes Licht.

Für einen Augenblick
hält die Zeit den Atem an.
Dann trennen sich die Blicke,
jeder geht seines Weges.

Doch etwas ist anders.
Ich gehe erhobenen Kopfes,
meine Augen suchen den nächsten
Augen-Blick.

45 Dein Lächeln

Dein Lächeln bringt die Wüste zum Blühen.
Pflanzt Bäume der Hoffnung und Liebe.
Zähmt den stärksten meiner Stürme.
Lässt ihn als zarten Windhauch mein Gesicht streifen.

Dein Lächeln lässt die Sterne am Himmel tanzen.
Funken sprühend die Nacht erhellend.
Fliegt durch das Labyrinth meines Herzens.
Bringt die schönsten Gefühle wundersam zum Erklingen.

Dein Lächeln holt Farbe und Pinsel hervor.
Malt meine Welt ganz unverzagt farbenfroh bunt.
Besitzt Magie.
Noch nie etwas Schöneres gesehen.

Dein Lächeln zaubert mir selbst ein Lächeln ins Gesicht.
Wie sehr liebe ich es doch.
Dein Lächeln.

46 Guten Morgen

Weckerklingeln.
Verschlafenes Blinzeln.
Hand ausfahren, Wecker suchen,
zum Schweigen bringen.

Nein, jetzt noch nicht!
Noch einmal einen Zipfel Traum erhaschen.
Noch einmal umdrehen.
Die Decke wieder über den Kopf.
Das Unvermeidliche hinauszögern.

Das Unvermeidliche?
Wieso eigentlich?
Was ist mit Lust auf diesen neuen Tag?
Wo versteckt sich die Neugier?
Wo schläft die freudvolle Erwartung?

Selbstberaubung möglicher Chancen.
Möglicher Begegnungen, Überraschungen.
Selbstberaubung möglicher Freude
auf ein Stück neues unbekanntes Leben.

Also, Bettdecke weg.
Noch einmal blinzeln.
Das Kitzeln des Sonnenstrahls
mit einem Lächeln belohnen.

Augen aufschlagen.
Den Tag als das nehmen,

was er sein kann.
Chance. Begegnung.
Überraschung. Wandel.

Nichts davon unvorstellbar.
Nichts davon Unmöglich.
Die Farbpalette mische ich.

Mich im Spiegel anschauen.
Mit einem Lächeln begrüßen.
Mich umarmen, lieben,
mich freuen über das Da-Sein.

Das Da-Sein
mit einem kräftigen Pinselstrich
zu einem farbenfrohen Sein
werden lassen.

Jeden Morgen neu.

47 Ein altes Paar Schuhe

Da steht es,
ein altes Paar Schuhe.
Das Leder abgewetzt,
Innenfutter durchlöchert,
Sohlen schief gelaufen.

Wer mag sie getragen haben?
Oder besser,
wen haben sie getragen?

Oft und lange genutzt,
viele Wege beschritten.
Waren sie von Glück gesäumt?
Brachten sie Trauer und Tränen?

Das wechselvolle Spiel des Lebens.
Tiefste Täler durchschreiten,
höchste Berge erklimmen.

Wege gabeln sich.
Entscheidungen treffen.
Hoffen,
das Richtige gewählt zu haben.

Das eigene Tempo
im Lauf des Lebens erkennen.
Ziele suchen und finden.
Die Chance auf Irrtum und Umkehr einräumen.

Den Blick für die Wunder
am Wegesrand schärfen.
Loslassen lernen.
Den Rucksack immer wieder neu packen.

Und am Ende,
ein altes Paar Schuhe
an den Füßen.

Ein lächelnder Blick zurück.
In der Gewissheit,
ich bin gelaufen, immer weiter.
Mal langsam, mal schnell,
mal zögernd, mal weit ausgreifend mit großen Schritten.

Mal stolpernd, mal auf ebenen Wegen.
Mal allein und immer wieder
auch mit anderen an meiner Seite.

Mal mit einem Lächeln im Gesicht,
die Sonnenstrahlen genießend.
Mal mit Tränen in den Augen
und Gewitterwolken über mir.

Ich bin gelaufen,
und habe mein Leben bis heute
gelebt.

48 Lebensmelodie

Einzelne Noten, hohe und tiefe,
fügen sich zusammen zu Liedzeilen.
Scheinbar disharmonisch.
An anderer Stelle traumhaft melodisch und schön.

Jubilierend hier und da.
Voll Trauer und Tiefe in den nächsten Momenten.
Manchmal schnell wechselnd.
Pausenzeichen. Stille für Sequenzen.

Einzeln nachgelauscht
hinterlassen sie einen unvollkommenen Eindruck.
Aneinander gefügt,
das Lied meines Lebens.

Die Melodie klingt nach,
berührt noch einmal diese oder jene Saite meiner Seele.
Verschiedene Bilder projiziert
auf die Leinwand meines inneren Auges.

Noch einmal Lachen, Weinen, Jubel, Verzückung,
Verzweiflung, Glück hervorgerufen.
Ein Bad im Meer der Gefühle.
Voller Erinnerungen.

Kurzer Moment des Nachsinnens.
Wäre es besser gewesen,
dieser Melodie weniger getragene Zeilen hinzu zu fügen?
Sollten es mehr jubelnde Noten sein?

Nein, ich glaube nicht.
Die Tiefe erst hat mich die Höhen schätzen gelehrt,
Mut und Zuversicht geboren,
gerade die Tiefen zu durchschreiten.

Und letztlich,
wären auch nur ein, zwei Noten andere,
es wäre nicht mehr
die Melodie meines Lebens.

Solange jede einzelne Note
meine Seele zum Klingen bringt,
ist alles gut.

Ein paar Notenzeilen sind noch unbeschrieben.
Sie werden sich füllen,
Note um Note.

Alles ist offen.
Eine Wahl noch nicht getroffen.
Und doch, die Hoffnung auf eine wunderbare Harmonie
klingt leise an.

49 Ein Anruf

Telefonklingeln.
Na hey, der hat sich ja schon lang nicht mehr gemeldet.
Überraschung, Verwunderung, Lächeln,
blitzschnelles Einblenden kurzer Bilder und Sequenzen.

Annahme. Freudige Begrüßung.
Zwei, drei belanglose Worte.
Dann ist sie wieder da,
die schon immer bestehende Vertrautheit.

Das kann länger dauern,
meldet mein lachendes Herz.
Also, bequem machen.
Entspannt zurücklehnen.

Austausch der letzten Neuigkeiten auf beiden Seiten.
Lachen, Plaudern.
Dann, ganz unvermittelt, ernstere Themen.
Wieder im Fluss, wie das Leben Selbst.

Gegenseitiges Zuhören,
Trost aussprechen, Mut geben.
Erstaunen zwischendurch über die eigenen Gesprächsthemen,
die da zutage kommen.

Das Gefühl wächst,
dass das Telefon heut nicht ohne Grund klingelte.
Gedankenübertragung?
Haben sich die Schwingungen der Seele im Universum gekreuzt?

Keine Ahnung. Und doch.
Der Anruf kam genau zur rechten Zeit.
Das Gespräch geht seinem Ende entgegen.
Verabschiedung. Mündliche Umarmung.
Hörer auflegen.

Zurück bleiben ein tiefes Lächeln,
ein wärmendes Gefühl im Herzen und die Ahnung,
dass uns in den notwendigsten Momenten
immer ein Engel geschickt wird.

Danke, mein Freund.
Das Versprechen auf einen neuen Anruf war nicht nötig.
Du wirst es wohl fühlen,
wenn ich dich wieder brauche.

Danke.
Du mein Engel für diesen Moment.

50 Sternenregen

Von Dunkelheit ist das Land schon eingehüllt.
Die Nacht beendete das Tagwerk.
Zeit, den Tag ausklingen zu lassen.

Lauschige Wärme.
Noch einen Moment
Den Sternenhimmel über mir anschauen.

Hinsetzen, mitten ins Gras.
Die Wärme des Bodens fühlen.
Aufgestaut von der Hitze des Tages.

Das Zirpen der Grillen dringt an mein Ohr.
Ausatmen. Und,
den Duft der Wiese beim Einatmen ganz tief aufnehmen.

Gedanken beginnen zu wandern.
Schwingen sich hoch hinauf zu den Sternen.

Unendlichkeit. Unbeschreibliche Weite.
Gefühl von Freisein.
Begrenzungen und Pflichten des Tages abschütteln.

Treiben lassen.
Die Sterne berühren.
Stille und Frieden kehren ein in mein Herz.

Leichtigkeit greift um sich.
Die Ahnung der eigenen Winzigkeit stellt sich ein.

Gewissheit nimmt Gestalt an,
dass nichts unveränderlich ist,
alles Möglichkeit für Erfahrung sein kann.

Ein Stern fällt vom Himmel.
Und noch einer.
Das Wunder eines Sternenregens.

Erinnerung an ein Vergnügen der Kindheit.
Fällt ein Stern, dann wünsch dir was.
Ganz still, ganz leise, voller Hingabe.

Ich weiß, was ich mir wünsche.
Die Erfahrung und das Wissen dieses Abends
mögen mich auch durch meine Tage begleiten.

Die Dinge mit Leichtigkeit nehmen.
Die Chancen für Erfahrungen willkommen heißen.

Bei aller Hektik, allem Stress
das tiefe Luftholen nicht vergessen.
Frieden und Stille gerade dann
im Herzen einkehren lassen.

51 Wartezimmer

Fast alle Plätze besetzt.
Bunt gemischt,
jüngere und ältere,
Frauen und Männer.

Fernseher an der Decke,
läuft leise vor sich hin.
Ein Zeitungsständer wartet in der Ecke.

Manche haben die Augen geschlossen,
dösen vor sich hin.
Andere, ein Buch,
eine Zeitung in der Hand.
Den Blick angestrengt versenkt.

Andere lassen ihren Blick wandern,
parken zwischendurch
auf dem flimmernden Bildschirm ein.

Lautsprecher.
Wie unpersönlich.
Rationalisiert. Automatisiert.
Patient Nummer sowieso,
Sprechzimmer 4.

Köpfe fahren erschrocken hoch,
Blicke taxieren,
lauern ein bisschen,
wer wird es sein?

Aha, der also.
Blicke versenken sich wieder.
Beschäftigungen werden wieder aufgenommen.

Warum eigentlich spielt hier keine Musik?
Musik, die die Seele beruhigt,
die die Sorgen und den Schmerz
ein wenig vergessen macht.

Jeder hat einen Grund, hier zu sein.
Schmerzen, Krankheit,
ein Päckchen Not.

So viele verschiedene Menschen
in diesem einen Raum.
Jeder gibt sich beschäftigt.

Und doch ist jeder mit dem anderen verbunden.
Irgendwie, unsichtbar,
aber doch vorhanden.

Warum haben wir uns so darauf trainiert,
unseren Nebenmann, unsere Nebenfrau
gekonnt zu übersehen?

Warum fällt kein Wort?
Warum nicht trotz der eigenen Not
ein Lächeln verschenken.
Und vielleicht eines zurück erhalten.

Der gemeinsame Schnittpunkt ist da.

Warum nicht daran anknüpfen.
Im Miteinander etwas Ablenkung und Trost erfahren.

In der gemeinsamen Begegnung
ein paar Ängsten die Macht nehmen.
Sich vielleicht etwas weniger allein fühlen.

Einen kleinen Sonnenstrahl
durch das kalte Wartezimmerlicht
auf die Reise schicken.

Der Lautsprecher, mein Name fällt.
Endlich. Erleichterung. Ende des Wartens.
Und Bedauern über ein nicht gesprochenes Wort,
ein nicht geschenktes Lächeln,
einen verpassten Sonnenstrahl.

Und Hoffnung.
Auf genug Mut
beim nächsten Mal.

52 Gedanken zu einem Gedanken

Synapsen heiß gelaufen.
Funken sprühend.
Und dann, Explosion in meinem Kopf.

Urknall.
Die Geburt eines neuen Gedankens.
Noch nie gedacht,
ganz jung und frisch.

Staunen,
woher kam dieser Gedanke so unvermittelt?

Plötzlich, fast nur ein Gefühl:
Vielleicht ist er ja gar nicht so neu und frisch,
dieser Gedanke.

Vielleicht schon millionenfach gedacht,
ohne je in laute Worte gekleidet zu werden.

Vielleicht bereits Vater und Mutter neuer Gedanken,
und damit schon lange vollendet zum Leben erwacht.
Bereits verewigt in Wort und Tat.
Und dann zurück gekehrt in die Weiten des Universums.

Darauf wartend,
erneut mit einem Urknall zum Leben zu erwachen.
Und gedacht zu werden.

So, wie heut.

53 Alte Frau

Mein Weg führt mich die Straße entlang.
Da sitzt sie, am Straßenrand auf einer Bank.
Neben ihr vermutlich ihre Tasche,
eine Hand leicht darüber gelegt.

Der Kopf ein wenig auf die Brust gesunken.
Sie schlummert im Schatten der Bäume.

Fußgänger eilen vorüber,
kaum einer nimmt sie wahr,
diese alte schlummernde Frau.

Ein Spatz kommt geflogen,
lässt sich vor ihren Füßen auf dem Pflaster nieder,
Hüpft hierhin und dorthin.
Pickt hier und dort auf der Suche nach einer verlorenen Krume.

Ein schwerer Laster donnert vorbei.
Zerstört die Idylle des Augenblicks.
Die Frau zuckt kurz zusammen.
Öffnet die Augen.

Sieht den kleinen Spatz und lächelt.
Für einen Moment.
Ihre Hand suchend in der Tasche.

Zieht eine kleine Tüte heraus,
greift hinein, holt ein Stückchen Brot hervor.
Sie wirft es dem Spatz hin.

Der kleine Vogel neigt den Kopf zur Seite,
als schaue er, ob mehr folgen würde.
Dann nimmt er den kleinen Brocken in seinen Besitz.
Die alte Frau ermuntert ihn mit ein paar leisen Worten.

Vermeintlich schon so oft gesehen.
Warum, so frage ich mich,
sitzen alte Menschen immer auf Bänken,
Vögel fütternd und mit ihnen sprechend?

Genießen sie den Augenblick,
einen Blick dafür habend,
nach den Höhen und Tiefen ihres Lebens?

Oder sind es Momente,
in denen sie sich noch gebraucht und nützlich fühlen,
auch wenn es nur durch einen kleinen Vogel ist?

Ich gehe weiter und frage mich,
ob auch ich eines Tages mit einer Tüte Brot
auf einer Bank am Straßenrand sitzen werde.

Und vielleicht sollte ich mich das nächste Mal dazu setzen,
für ein paar Augenblicke,
ein paar Krumen Brot in der Hand.
Ein paar Worte wechselnd mit der alten Frau.

Nichts Wichtiges, nichts Tiefgründiges, einfach nur so.
Und vielleicht die Chance haben,
in vielen Jahren
nicht allein auf meiner Bank zu sitzen.

54 Bad im Schnee

Schnee fällt flockenweise.
Bedeckt alles mit einer Puderzuckerschicht.
Verbindet sich zu einer dichten weißen Decke.

Alles weiß.
Wohin ich auch schaue.
Sonnenstrahlen brechen sich im Schnee.
Augen kurz schließen, fast geblendet.

Ich muss raus –
hinein in den Flockenreigen.
Meine ersten Spuren hinterlassen.

Muster laufen, große Schritte, kleine Schritte,
im Kreis, vor und zurück.
Und dann, mittendrin, fallen lassen.
Im Schnee das Bild eines Engels zeichnen.

Sonnenstrahlen wärmen mein Gesicht.
Überall Schneekristalle an mir.
Lachen.

Vor dem gehen noch einen Blick
auf mein flüchtiges Kunstwerk im Schnee.
Dem erneuten Einschneien
bereits preis gegeben.

Einzelne Linien,
gemalt durch meine Schritte,

fügen sich zusammen zu einem komplexen Bild.
Vergleichbar mit meinen Lebenslinien.

Einzeln betrachtet.
Ungerade, manchmal verwirrend, ziellos erscheinend.
In der Gesamtheit, mit Abstand,
ein Gesamtbild meiner Selbst.

Und mittendrin ein Engel.
Mit ausgebreiteten Flügeln.

55 Beste Freundin

Bist ungeplant und unerwartet
in mein Leben getreten.
Warst plötzlich da.
Geschenk des Himmels.
Und bist es immer noch.

Wir kannten uns schon länger.
Keine besonders enge Bindung,
aber wir verstanden uns ganz gut.

Ein Augenblick meines eigenen Schwachseins
öffnete dir die Tür.
Du tratest ein.
In den Raum meines Herzens.

Hast dich nieder gelassen.
Bereit, mir zuzuhören,
mich zu trösten, zu ermutigen, an mich zu glauben.
Mit mir zu weinen, zu lachen.
Und mich zu lieben.

Wurdest zu meiner Herausforderung.
Und zu meinem unendlichen Glück.
Ein Geschenk.

Ich lernte so vieles mit dir ganz neu.
Mich zu öffnen, nicht zu schämen für meine Schwächen.
Mich Dinge zu trauen,
die ich nie für möglich gehalten hätte.

Schenktest mir einen neuen Blick
auf mich selbst.

Wurdest immer wichtiger in meinem Leben.
Als Spiegelbild meiner selbst.
Helfer beim Erkennen.
Wegweiser in Momenten der Verirrung.

Aus gutem Verstehen wurde fast unmerklich Liebe.
Habe oft das Gefühl, unsere Seelen würden sich berühren.
Du, meine geliebte Freundin.
Seelenschwester in meinem Herzen.

Danke für deinen Mut,
dein unbeirrtes An-mich-glauben.
Für deine Liebe.
Hoffend, das alles auch für dich zu sein.

56 Kontrolle

Auf Reisen.
Vor mir ein Schlagbaum.
Umsäumt von Männern und Frauen
in Uniform.

Signal zum Anhalten.
Natürlich tue ich das.
Lächelnd.

Prüfende Blicke ruhen auf mir.
Papiere werden verlangt.
Natürlich können sie sie prüfen,
denke ich lächelnd.

Soll aussteigen.
Kontrolle Kofferraum.
Kein Problem.

Was führe ich mit mir?
Dieses und Jenes.
Was man eben so braucht,
wenn man auf Reisen ist.

Ich begleite das Durchschauen
meiner Sachen.
Lächelnd.

Papiere werden mir zurück gereicht.
Kofferraum wieder geschlossen.

Darf einsteigen.
Noch ein prüfender Blick.

Schlagbaum hebt seinen Arm.
Straße ist frei.
Durchgewunken passiere ich den Kontrollpunkt.
Lächelnd.

Und frage mich.
Kennen sie mich nun?
Wissen sie, wen sie passieren ließen?

Ich bezweifle das.
Das Wichtigste, mich,
meine Gedanken, meine Ideen, meine Träume,
haben sie nicht kontrolliert.

Denn ich bin das,
was in mir ist.
Erst Gestalt annehmend,
wenn ich es zur Tat werden lasse.

Dann erst bin ich zu erkennen.
Denke ich,
lächelnd.

57 Schwestern

Als du geboren wurdest,
lagen so viele Jahre zwischen uns.
Was sollte ich mit dir anfangen?
Meine Welt war so grundverschieden zu der Deinigen.

Alles, was noch vor dir lag,
hatte ich bereits hinter mir gelassen.
Ausschluss des gemeinsamen Erlebens,
des gemeinsamen Fühlens und Freuens.

Unsere Wege waren bereits getrennt,
als du dein Bett unter unserem gemeinsamen Dach aufstelltest.
Empfand Dich oft als Last in den folgenden Jahren.
Hatte keine Lust, dich zu behüten.
Standest meinen Plänen im Weg.

Später zog ich fort.
Begann mein Leben abseits des Eurigen.
Unser Kontakt verflüchtigte sich.
Hörte manchmal monatelang nichts von dir.

Nun sind die Jahre vergangen.
Stellte irgendwann überrascht fest,
du bist erwachsen geworden.
In deinem eigenen Leben angekommen.

Seitdem ganz stille Annäherung im Wachsen.
Wieder voneinander Notiz nehmend.
Anders als früher.

Nun auf gleicher Ebene.

Wirst langsam Austauschpartner,
Freundin für mich.
Willkommen in meinem Leben.

Schwester.

58 Glück

Einem Schmetterling beim Fliegen zusehen.
Dem wirbelnden, aufgeregten Flügelschlag.
Zwischendurch verweilend in der Luft,
das Aufsitzen auf jedem Windhauch.
Dahin treibend, sich führen lassend,
und doch von Blüte zu Blüte gelangend.

Einem Kind beim Spielen zusehen.
Versunken in eine eigene Welt.
Fasziniert vom Zauber der Möglichkeiten.
Offen für jeden neuen Ideenreigen.
Kein Stillstand, kein Zögern,
sofort aufnehmen, umsetzen, probieren, verwerfen.

Zwischendrin Belohnung des gelungenen Versuchs.
Lächelnd und juchzend,
wie es nur ein Kind vermag.

Einen lieben Freund neben sich wissen.
Vertrauen darin spürend,
dass er da sein wird,
wenn ich ihn rufe,
vorbehaltlos akzeptierend.
Und liebend.

Meine Wege und Taten nicht in Frage stellend.
Als Teil meiner selbst anerkennend.
In mir nicht das sehend,
was erblickt werden möchte.

Stattdessen Ausschau nach der haltend,
die ich wirklich bin.

Glück.
Möglichkeit der Entdeckung in jedem Moment gegeben.
Abhängig von der eigenen Sicht.
Von der Offenheit gegenüber den täglichen Wundern.

Unvergängliches Glück.
Mich in unendlicher Fülle umgebend.
In mir selbst ruhend.
Darauf wartend, erkannt zu werden.
Darauf hoffend, dass sich eine Tür zum Eintreten öffnet.

Glück.
Lebenselixier meiner Seele.
In jedem Moment.
Einladung zum Feiern des Lebens.

59 Selbstpflege

Frühling. Tage werden wieder länger.
Sonnenstrahlen senden Wärme aus.
Am Himmel heimkehrende Vogelschwärme,
sich lautstark ankündigend.

Die Schollen lockern,
Dünger ausbringen,
etwas ruhen lassen.
Zeit, die ersten Samen in die Erde zu geben.

Pflegen, gießen, Tage und Wochen.
Ausschau haltend nach dem ersten Grün.
Ankündigung neuen Werdens.
Erste Boten künftiger Ernte.

Die ersten winzigen Pflänzchen.
Behutsames Sorgen.
Wachstum staunend begleiten.
Freude und Aufregung über das Gelingen.

Erste Blüten kündigen sich an.
Jede kann Frucht hervorbringen.
Bienen und Hummeln, angelockt von der Süße.
Willkommen geheißen aus tiefstem Herzen.

Tage und Wochen vergangen.
Pflanzen sind gewachsen und stehen prächtig.
Schon von den ersten süßen Früchten genascht.
Ein Vorgeschmack auf mehr.

Der Blick gleitet über dieses Wunder des Werdens,
des Wachstums, der Erneuerung.
Einiges dafür getan, investiert.
Im Ergebnis reich beschenkt.

Nehme ich die Pflege meines Selbst auch so wichtig?
Wenn nicht, sollte dringend eine Änderung erfolgen.
Ohne Warten auf das nächste Frühjahr.
Mit der Aussicht auf eine prächtige Ernte.

Ein schönes Leben mit mir selbst.
Für mich und andere.

60 Autobahn

Straßen, die sich wie Bänder
über das Land gelegt haben.
Geschwindigkeit, schnell ankommen.
Alles, was jetzt wichtig ist.

Hupen, schimpfen, fluchen.
Der Verkehr staut,
kommt zum Erliegen.

Mittendrin im Stau.
Kein Vorwärts,
kein Zurück mehr möglich.

Blick auf die Uhr.
Der Zeiger dreht
unbeirrt seine Runden.

Finger trommeln einen Rhythmus
der Ungeduld aufs Lenkrad.
Das Trommeln wird heftiger, ärgerlicher.
Wut macht sich breit.

Wieder ein Blick zur Uhr.
Blick nach vorn. Nichts bewegt sich.
Gefangen in den Klauen der Zivilisation.

Schweißtropfen auf der Stirn.
Sammeln sich zu kleinen Rinnsalen.
Wegwischen mit einer raschen Handbewegung.

Was ist los da vorn?
Ich will weiter. Ich muss ans Ziel.
Termine, Verabredungen,
die Zeit drängt.

Weiter vorn steigt einer aus.
Streckt sich, hält sein Gesicht der Sonne entgegen.
Fängt die Strahlen mit einem Lächeln ein.

Viele Blicke auf sich ziehend,
wie er so dasteht, zufrieden, entspannt.
Kopfschütteln um ihn herum,
ein wenig Erstaunen, Verwunderung.

Er geht ein paar Schritte,
die Blicke folgen ihm beobachtend.
Beugt sich nieder am Straßenrand.
Eine zarte Pflanze hat sich einen Weg durch den Asphalt gebahnt.

Ein Hauch grün inmitten von Stein und Beton.
Autobahnwüste.

Er betrachtet das Pflänzchen.
Versunken für ein paar kostbare Momente.
Seine Hand streicht vorsichtig darüber.

Er lächelt.
Und ist dankbar für den Moment des Innehaltens.
Möglichkeit zum Durchatmen, Luftholen.
Moment des Staunens, der Stille und Bewunderung.

Der Stau löst sich langsam auf.
Es kommt Bewegung in die Schlangen.
Er geht zu seinem Auto.
Zeit zum Weiterfahren.

Auf dem Weg zurück sieht er bei manchem
Bedauern im Gesicht,
nicht selbst ausgestiegen zu sein
und die geschenkte Zeit zum Gewinn werden zu lassen.

61 Freie Sicht

Autoscheiben zugefroren.
Tragen die Signatur des Winters.
Scheiben vom Eis befreien.
Brauche freie Sicht.

Fensterscheiben tragen die Zeichen des Wetters.
Staub und Regen haben Spuren hinterlassen.
Putzen nötig.
Ich brauche freie Sicht.

Wie oft eigentlich befreie ich mein Seelenfenster
von Eis und Staub und Regenspuren.

Brauche ich nicht gerade da am dringendsten
freie Sicht?

62 Abdrücke

Mein Herz bestückt mit unendlich vielen Abdrücken.
Jeder, der es auf irgendeine Weise erreichte,
hinterließ seine Spuren,
einer persönlichen Visitenkarte gleich.

So viele davon kann ich noch zuordnen,
die dazugehörigen Bilder in meinem Inneren ablaufen lassen,
gut sortiert im Ordnerschrank meines Herzens.

Manche Stellen ziemlich eingedellt,
voller Krater, mit Wucht getroffen.
Eruptionsgewaltig eingeschlagen.
Manches nur oberflächlich angekratzt.
Nicht in die Tiefe gegangen.

Manchmal überlege ich,
ob es nicht gut wäre,
eine Tube Kitt zu nehmen,
die Krater und Risse auszubessern.
Danach alles schön aufzupolieren.

So, wie eine Welle.
Die Spuren im Sand verwischend
beim Zurückgleiten ins Meer.

Ich ahne, dass der Kitt nicht nötig ist.
Zeit und Liebe werden meine Wellen sein.
Vielleicht ist es dann nicht glatt poliert.
Mein Herz.

Das muss es wohl auch nicht.
Die Erinnerungen sind wertvoll.
Lassen sie mich doch erkennen,
welche Spuren und Abdrücke ich zukünftig zulassen möchte,
auf meinem Herzen.

63 Bei mir selbst

Sonnenschein wärmt mein Gesicht.
Ein leichter Windhauch
fährt mir durchs Haar.

Ich sitze im Schaukelstuhl,
gebe mich versunken
der wiegenden Bewegung hin.

Mein Blick schweift über weites, grünes Land.
Gräser wiegen sich gemächlich hin und her,
umschwirrt von Nahrung suchenden Insekten.

Das Plätschern des nahe gelegenen Baches dringt an mein Ohr,
säuselnd, in fremder Sprache
von alten Zeiten berichtend.

Vögel zwitschern aufgeregt in der Baumkrone
hoch überm Haus aus rotem Backstein, von Efeu überzogen,
bedeckt mit alten, vermoosten Schindeln.

Die Fensterläden verlieren langsam ihre Farbe
und klappern ein wenig im Wind.
Rauch sucht sich in fast durchsichtigen Schwaden
seinen Weg aus der Esse.
Formt sich zu abstrakten Bildern am Himmel über mir.

Aus der offenen Tür dringt Kinderlachen, jubelnd, glucksend.
Der Duft von frischem Kuchen und Kaffee
Zieht verlockend in meine Nase.

Und in diesem einen Moment
fühle ich mich als der glücklichste Mensch auf Erden,
eingebettet in liebevolle Gedanken,
das Erleben von Harmonie und Stille,
dem Empfinden, ganz bei mir selbst zu sein.

64 Engel

Engel.
Inzwischen fast überall
sichtbare Begleiter unserer Selbst im Äußeren.

Figuren, Bilder.
Erfreuen sich
zunehmender Beliebtheit in unserem Dasein.

Ausdruck einer unbestimmten Sehnsucht
nach Schutz und Geleit.
Nach liebender und behütender Begleitung unseres Lebensweges.

Sind doch die Zeiten
zunehmend turbulenter und ungewisser geworden.
Häufig ziellos erscheinend und sinnentleert.

Die Verwurzelung
unseres Selbst verloren,
haltlos treibend, sich ausgeliefert fühlend.

Die Sehnsucht
nach einem Engel gebärend.
Doch scheint mir diese Blickrichtung nicht vollständig zu sein.

Suchen und flehen uns im Außen herbei,
was wir in unserem Inneren finden könnten.
Mit ein wenig Veränderung unseres Blickwinkels.

Der Engel ruht und wartet in uns selbst.

Voller Tatendrang, Vergnügen und Vorfreude
auf seine möglichen, großartigen, das Leben preisenden Taten.

Wir sollten den Anfang wagen.
Selbst Engel zu sein.
Ausdruck findend in unserem Denken, in Worten und Taten.

Wir sollten damit beginnen,
unseren Mitmenschen und uns selbst Gutes zu tun,
ohne Blick auf eigenen Vorteil oder Gewinn.

Wir könnten das Gefühl zurück gewinnen,
etwas Sinnvolles in unserem Leben zu tun.
Es könnte uns einen dankbaren und liebevollen Blick schenken.

Die Chance besteht,
dass einer nach dem dem anderen
den Engel in sich selbst entdeckt.

Unsere Engelsbilder und Figuren würden das sein,
was sie sind. Bilder und Figuren.
Und die wirklichen Engel
würden Tag für Tag lächelnd unsere Wege kreuzen.

Zeit,
unseren Engel frei zu lassen.

65 Pflastersteine meines Weges

Verschiedene Wege ausprobiert
in den zurück liegenden Jahren.
Erfolgreiche Wege.
Traurige Wege.

Auf manchen scheinbar komplett in die Irre gegangen.
Im Nachhinein erkannt,
dass auch sie gepflastert waren
mit wichtigen, entscheidenden Erfahrungen.

Keinen dieser Wege umsonst beschritten.
Führte mich doch jeder einzelne
zu einer Antwort auf meine Fragen.
Immer ein Stückchen näher an mich selbst heran.

Jahre liegen hinter mir. Vor mir.
Ich mittendrin.
Und dabei, zu definieren,
wo mich meine nächsten Wege hinführen sollen.

Was zählt?
Was ist wichtig?
Was bleibt?

Liebe.
Der wichtigste Pflasterstein meiner zukünftigen Lebenswege.
Viel Leid und Schmerz erfuhr ich dort,
wo dieser Pflasterstein fehlte.

Wo Liebe zurückgehalten,
wo Liebe missverstanden wurde,
ihre Reinheit verlor
und zum Selbstzweck Einsatz fand.

Ehrfurcht und Staunen.
Auch dieser Pflasterstein soll das Mosaik meines Weges zieren.
Wo Ehrfurcht und Staunen fehlen,
gibt es auch keine Achtsamkeit.
Keine Freude an dem, was ist und uns umgibt.

Verantwortung. Für mich selbst und andere.
Mit meinem Tun gebe ich Zeugnis ab von dem, was ich glaube.
Und ich glaube, dass wir alle derselben Quelle entstammen.
Es kein wirkliches Getrennt-Sein gibt, außer in unseren Köpfen.

Zeit, sich darüber zu erheben,
Zeit, zu erkennen, dass ich mit dem,
was ich mir und anderen tue,
auch bestimme, was mir und anderen getan wird.

Die gewählten Pflastersteine meines Weges
scheinen ihn holpriger zu machen.
Ich muss meine Füße heben,
meine Augen offen halten.

Und am Ende meines Weges hoffe ich,
meinem Ziel näher gekommen zu sein.
Mir selbst und anderen gedient und Gutes getan zu haben,
getragen von Liebe, Ehrfurcht, Staunen und Verantwortung.

66 Wagnis

Wieso ist unser Geben so oft davon abhängig,
was wir zurück bekommen könnten?
Wann hält das Bewusstsein Einzug,
dass darin ein Grundübel unseres Seins beheimatet ist.
Für uns und für andere.

Weil wir dem anderen Hilfe vorenthalten,
wenn er sie nötig hätte.
Vorenthalten aus Angst,
selbst zu wenig haben zu können nach dem Geben.

Haben wir uns schon einmal ehrlich
in die Augen gesehen und gefragt,
was wir wirklich brauchen?

Ein Dach über dem Kopf,
Essen, das uns sättigt und gesund erhält,
eine Tätigkeit, die Verwirklichung möglich macht,
Kleidung, die uns wärmt.

Wir können all das und noch viel mehr besitzen.
Und fühlen uns doch wie Suchende,
Verirrte in unserem Leben.

Treffen unsere Wahl für oberflächliche Ruhe und Befriedigung.
Für Geld, Ruhm, Ehre und Besitz.
Reicht das wirklich.
Ist es das, was wir brauchen.

Wieso spüren wir so oft
ein unbequemes, schmerzhaftes Ziehen und Sehnen.
Steht all unser Besitz für das große Glück,
warum füllen sich unsere Augen dann so oft mit Tränen.

Warum überkommt uns immer wieder das Gefühl,
aus unserem Leben ausbrechen zu müssen,
alle Mauern und Schranken hinter uns zu lassen.
Das beständige Fressen von Zweifel und Unzufriedenheit.

Zeichen von Glück?
Oder Sehnsucht nach Freisein?

Die Fesseln loswerden,
die wir uns mit all unserem Haben und Streben überwarfen?
Das Leben wieder in unser Herz einlassen,
statt uns immer weiter davon zu entfernen?

Was wäre der Preis für dieses Wagnis.
Bestünde die Chance,
etwas geschenkt zu bekommen,
das den Tatbestand eines segensreichen Niederschlags
für unser Leben erfüllen könnte?

Die Entscheidung liegt bei uns. Allezeit.
Antwort darauf ist wohl nur zu finden,
wenn wir uns einen ehrlichen Blick in unser Herz gestatten.
Allezeit.

Und das ist glücklicherweise
weder käuflich noch bestechlich.

67 Änderung des Blickwinkels

Merkwürdigerweise gehen wir
mit unseren eigenen Ängsten und Verzweiflungen
achtloser um,
als mit denen der anderen.

Dabei sind wir uns doch selbst anvertraut.
Zur pfleglichen und sorgsamen Behandlung
in die eigenen Hände gegeben.
Zum Lieben aufgefordert.

Warum flüchten wir vor uns selbst.
Verschließen unser hilfreiches Seelenfenster aus Angst,
erkennen zu können,
was wir bräuchten?

Warum nähren wir unser Unvermögen,
uns genau das zu geben?
Warum verweigern wir uns uns selbst?

Statt dessen richten wir unseren Blick nach außen,
stürzen uns wie Aasgeier
auf die Mängel und Unvollkommenheiten der anderen.
Offenbaren dadurch nur umso deutlicher unsere eigenen.

Wäre es nicht endlich an der Zeit,
den Blickwinkel zu verändern,
den Fokus liebevoll auf uns selbst zu richten.
Uns zur Heilung zu verhelfen.

Und dann,
erfüllt von Liebe und Verstehen,
uns selbst und unsere Mitmenschen
zu umarmen?

68 Ich liebe dich

Ich liebe dich.
Ganz sicher und unumstößlich.
Kann es fühlen,
in der Tiefe meines Herzens.

Ich liebe dich.
Wirft Fragen, Zweifel auf.
Initiiert durch die Menge meiner Gefühle,
durch dich in mir ausgelöst.
Grund genug für meine Sehnsucht,
dir gegenüber echt zu sein.

Wahrhaft soll sie sein,
meine Liebe zu dir.
Frei von Ängsten, Verletzung, Kränkung,
Erpressung und Eifersucht.
Über Bord werfen störender Gefühle.
Entstanden aus den eigenen Unsicherheiten.

Mit jeder neuen Betrachtung,
ausgelöst durch Einschläge in unsere Beziehung,
steigt das Gefühl,
der Wahrhaftigkeit etwas näher zu kommen.

Herausforderung,
Nährboden des Glücks.
Segen für mein Leben.
Möglichkeit,
ein Stück Himmel zu erleben.

Durch die Liebe zu dir
die Liebe zu mir entdecken.

Ich liebe dich und
mich.

Inhaltsverzeichnis

Kapitel 1: **Von Traurigkeit und Ängsten**
01 - Unglückliche Liebe
02 - Traurigkeit
03 - Streit
04 - Verletzung
05 - Ertrinkender
06 - Zeit verpasst
07 - Angst
08 - Boden unter den Füßen
09 - Wiedersehen
10 - Warum nur?
11 - Nacht
12 - Beziehungsende

Kapitel 2: **Zwischenstation Hoffnung**
13 - Krankheit
14 - Missverständnis?
15 - Vergebung
16 - Zweimal Liebe
17 - Sehnsucht
18 - Einkehr bei mir selbst
19 - Ich
20 - Bitte für mich selbst
21 – Erfahrungen

22 - Innere Stimme
23 - Warten
24 - Ursprung
25 - Vertrauen
26 - Vertrauen II
27 - Ver-rückt
28 - Wünsche
29 - Fragen
30 - Mit welchem Recht?
31 - Was wäre, wenn ...?
32 - Zu offen?
33 - Schubladen
34 - Bildung des Herzens
35 - Widersprüche
36 - Wunschkind
37 - Karnevalsmaske
38 - Kleiner Spatz

Kapitel 3: **Von Augenblicken und Liebe**
39 - Hoffnung
40 - Kinderlachen
41 - Eins-Sein
42 - Regentropfen
43 - Strandspaziergang
44 - Augen-Blick
45 - Dein Lächeln

46 - Guten Morgen
47 - Ein altes Paar Schuhe
48 - Lebensmelodie
49 - Ein Anruf
50 - Sternenregen
51 - Wartezimmer
52 - Gedanken zu einem Gedanken
53 - Alte Frau
54 - Bad im Schnee
55 - Beste Freundin
56 - Kontrolle
57 - Schwestern
58 - Glück
59 - Selbstpflege
60 - Autobahn
61 - Freie Sicht
62 - Abdrücke
63 - Bei mir selbst
64 - Engel
65 - Pflastersteine meines Weges
66 - Wagnis
67 - Änderung des Blickwinkels
68 - Ich liebe dich